KARIN ERLANDSSON

Innehalten, Masche halten

KARIN ERLANDSSON

Innehalten, Masche halten

Wie Stricken unsere Seele wärmt

Deutsch von Lotta Rüegger und Holger Wolandt

blanvalet

Die Originalausgabe erschien 2022 unter dem Titel
Det blå garnet bei Schildts & Söderströms, Helsinki.

F I L I This work has been published with the financial support of FILI – Finnish Literature Exchange.

Die Zitate von Loretta Napoleoni auf den
S. 17, 108, 134, 136, 138 stammen aus
Die Macht der Maschen. Wie Stricken uns durchs Leben begleitet und miteinander verbindet, übersetzt von
Christiane Wagler, Penguin Verlag in der Penguin Random House
Verlagsgruppe GmbH, München 2021.

2. Auflage
Titel der Originalausgabe: *Det blå garnet*

Published originally in Swedish by Schildts & Söderströms
Published by agreement with Helsinki Literary Agency

Redaktion: Ingola Lammers
Umschlaggestaltung und -motiv: © www.buerosued.de
StH · Herstellung: sam
Satz: Vornehm Mediengestaltung GmbH, München
Druck und Bindung: GGP Media GmbH, Pößneck
Printed in Germany
ISBN 978-3-7645-0857-9

www.blanvalet.de

Inhalt

Mit 16 sticht sich Dornröschen an einer Spindel und schläft hundert Jahre lang, obwohl der König alle Spindeln verboten hat, um den Fluch der bösen Fee zu vereiteln. Ohne Erfolg.

Dornröschen und alle anderen im Land versinken in einen tiefen Schlaf. Eine hohe Hecke aus dornigen Rosenbüschen wächst um das Schloss herum in die Höhe. Erst nachdem die hundert Jahre vergangen sind, gelingt es einem Prinzen, sich einen Weg durch die Hecke zu bahnen. Er findet die Prinzessin und weckt sie mit einem Kuss.

Möglicherweise handelt das Märchen gar nicht von dem sexuellen Erwachen einer jungen Frau, sondern von einem Land, in dem Spinnräder verboten sind?

Alle müssen schlafen und nicht einmal ein kluger Prinz kann das Land befreien. Einer tatkräftigen Frau hingegen könnte es gelingen, die Dornenhecke mit spitzen Stricknadeln statt eines Schwertes zu forcieren, an der schlafenden Prinzessin vorbeizueilen und das angehaltene Spinnrad zu finden.

Sie würde dieses Spinnrad in Gang treten und zwischen ihren Händen würde aus der Wolle ein Faden entstehen. Das Land würde wieder zum Leben erwachen.

Der erste Pullover

An meinem Geburtstag unternimmt die Familie einen Roadtrip. Wir fahren idyllische Landstraßen entlang, biegen bei Badestränden ab, von denen wir bislang nichts wussten, und halten bei Cafés, die wir vergessen hatten.

Mitten auf den Ålandinseln gibt es ein Café, das »Lottas Stickstuga« (Lottas Strickhütte) heißt. Es ist nur im Sommer geöffnet, hat einen riesigen Garten, große Torten mit viel Schlagsahne und bietet von Lotta eigenhändig gefärbte Wolle zum Verkauf an.

Die Familie interessiert sich für die Torten, ich mich für die Wolle. Sie liegt in Strängen in großen Körben und Regalen, nach Farben sortiert. Rot am Fenster, Blau unter dem Ladentresen, Grün und Orange an den Wänden.

Dünne Wolle aus zwei Fäden und dicke, für die man Stricknadeln Stärke 7 benötigt.

So viele ungestrickte Pullover.

In der dritten Klasse habe ich bei einer Handarbeitslehrerin, die Inger hieß, stricken gelernt. In der ersten Stunde war das Maschenanschlagen dran. Was ich damals lernte, das ist mir später klar geworden, war der Kreuzanschlag. Der Faden wird mithilfe der Finger der linken Hand, die als Haken dienen, in vier Linien auf die linke Handfläche gelegt. Mit den Stricknadeln, die in der rechten gehalten werden, nimmt man zwei Fäden auf und so werden die Maschen gebildet.

Das machte mir solchen Spaß, dass ich damit fortfuhr, als ich nach Hause kam. Ich saß im Bett meiner Eltern und nahm eine Masche nach der anderen auf, bis Mama wissen wollte, was ich da tat. Erst in diesem Moment sah ich ein, dass man beim Anschlagen nur lose Maschen erhält und dass wir die Maschen zum Einhaken noch gar nicht gelernt hatten. Im Unterschied zum Häkeln sind die Maschen beim Stricken nicht selbstständig, sondern halten sich gegenseitig von oben und unten, damit sie nicht aufgehen.

Mit 14 entschloss ich mich zum ersten Mal, einen Pullover zu stricken, und zwar heimlich und aus Restwolle, die bei uns zu Hause lag. Ich stellte mir vor, wie ich mit meinem ersten selbst gestrickten Pullover nach unten in die Küche kommen würde. Mama würde Augen machen!

Zu diesem Zeitpunkt konnte ich natürlich bereits rechts und links stricken und hatte Socken unterschiedlicher Größe und einen Schal angefertigt.

Jede Handarbeit beginnt mit der Wahl des Materials, und das macht mir mit am meisten Spaß. So war es auch dieses erste Mal. Im Schlafzimmer meiner Eltern stand eine Kommode mit Restwolle, die ich nach Farben sortierte. Ich plante einen Pullover mit Streifen, etwas anderes ließen die Wollvorräte nicht zu. Für die Vorder- und die Rückseite konnte ich außerdem nicht dasselbe Gelb verwenden, sondern musste mich mit verschiedenen Gelbtönen behelfen.

Ich besaß kein Strickmuster und plante großzügig, damit der Pullover wenigstens nicht zu klein wurde. Ich saß auf meinem Bett, rechnete und nahm reichlich Maschen auf. Dann begann ich zu stricken.

Es dauerte drei Wochen. Ich versank vollkommen in meine Beschäftigung. Vermutlich war es eines der ersten Male, dass ich meine Gabe zur Besessenheit in die Praxis umsetzte. Diese drei Wochen verbrachte ich ausschließlich mit Stricken. Damals existierte noch kein Streaming, aber es gab Bücher auf Kassetten. Eigentlich waren sie für sehbehinderte Leute vorgesehen und lagen in orangen Plastikschachteln mit Brailleschrift.

Ich hörte beim Stricken ein Buch nach dem anderen. Klassiker, Krimis, Kinderbücher. Die Vorderseite des Pullovers entstand, während ich mir *Der Polizistenmörder* von Maj Sjöwall und Per Wahlöö und *Barabbas* von Pär Lagerkvist anhörte.

Rundstricken beherrschte ich noch nicht, also strickte ich zuerst die Vorderseite, maß die Streifen auf gut Glück ab und strickte dazu passend die Rückseite. Bei den Öffnungen für die Arme nahm ich nicht ab, dafür aber beim Halsausschnitt. Danach kamen die Ärmel an die Reihe. Ein dritter Rotton für den linken Ärmel, ein vierter für den rechten. Streifen um Streifen. Buch um Buch.

Dass der Pullover recht groß ausfallen würde, erkannte ich schon früh, aber lieber zu groß als zu klein. Ich vernähte alle Fäden und nähte Vorder-, Rückseite und Ärmel zusammen. Dann strickte ich einen Rollkragen an. Alles ohne fremde Hilfe.

Dann war der Pullover fertig. Zum ersten Mal streifte ich ihn über und betrachtete mich im Spiegel. Er hing weit an mir herunter bis zu den Oberschenkeln. Er war groß, aber nicht zu groß. Er war einfach wunderbar!

Ich ging in die Küche und zeigte mich mit meinem Pullover. Mama fiel aus allen Wolken. Hast du den ganz allein gestrickt? Mit der Restwolle? Ich musste mich um mich selbst drehen und führte alle Streifen vor. Mama befühlte den Pullover und staunte.

Am nächsten Tag zog ich den Pullover in die Schule an. Nach der letzten Stunde bat mich meine Klassenlehrerin, noch einen Moment zu bleiben. Ihr war aufgefallen, dass ich in den letzten Wochen meine Hausaufgaben vernachlässigt hatte. Ob etwas Besonderes vorgefallen sei? Nein, erwiderte ich. Nichts sei vorgefallen.

Im Stillen dachte ich: Aber ich habe einen Pullover gestrickt! Ich habe den Grund für meine geschluderten Hausaufgaben an. Ihre Worte prallten an meinem Stolz ab.

Später hatte ich den Pullover immer dabei, wenn ich bei Freundinnen übernachtete oder ins Sommerlager fuhr. Er war so groß, dass meine beste Freundin und ich zusammen darin Platz fanden. Er gehörte ganz allein mir, er war einzigartig und niemand hatte mir geholfen!

Mein erster selbst gestrickter Pullover stellte einen Initiationsritus in die Welt der Erwachsenen dar. Was Generationen von Frauen vor mir vollbracht hatten, schaffte ich nun also ganz allein.

Besonders billig ist die Wolle in dem Café natürlich nicht. Aber ich habe Geburtstag und das beste Geschenk kaufe ich mir selbst: Wolle für einen richtig komplizierten Pullover, der viel Zeit in Anspruch nimmt.

Ich lege die Wollstränge auf den Boden, kombiniere verschiedene Farben und versuche, mir Muster und Modelle vorzustellen. Die anderen haben ihre Tortenstücke aufgegessen, wissen, dass es noch lange dauern kann, und verschwinden im Garten.

Die Wolle und die Farben auszusuchen macht mir immer noch besonders viel Spaß. Ich ziehe die Entscheidung in die Länge, obwohl ich weiß, wie es ausgehen wird. Blau. Es läuft immer auf Blau hinaus. Wie sehr ich mir auch immer andere Farbkombinationen vorstelle, komme ich stets mit blauer Wolle nach Hause.

Ich kaufe neun Stränge in verschiedenen Blautönen, angefangen mit dem dunkelsten Unwetterblau bis hin zum Sommerhimmelblau. Reichlich. Zu oft habe ich in einer fremden Stadt Wolle gekauft, um festzustellen, dass mir am Ende für den Halsausschnitt ein halbes Knäuel fehlte.

»Das habe ich noch nie gemacht, das geht sicher gut«, sagt Pippi und wir lachen, weil es die Worte eines kleinen Mädchens sind. Aus dem Mund eines Mannes, der zum ersten Mal einen Reifen wechselt, wäre es eine Selbstverständlichkeit.

Mein Selbstvertrauen, was das Stricken betrifft, ist wie Pippis unerschütterlich. Denn weil ich schon als 14-Jährige einen ganzen Pullover aus Restwolle geschaffen habe, war und ist alles möglich. Daher verheißt die blaue Wolle, die ich kaufe, eine Meisterleistung.

Die strickende Madonna

Auf einem Altar aus dem späten 14. Jahrhundert ist die Jungfrau Maria zu sehen. Das Bemerkenswerte ist jedoch, dass die Madonna strickt. Mithilfe von Strumpfstricknadeln entsteht zwischen ihren Händen ein Pullover, während Jesus mit einem Heiligenschein vor ihr liegt und ein Buch liest.

Der Altar stand ursprünglich in der Sankt-Petri-Kirche in Buxtehude und befindet sich heute in der Kunsthalle Hamburg. Da im 14. Jahrhundert die wenigsten Menschen lesen und schreiben konnten, dienten die Kunstwerke in den Kirchen einem pädagogischen Zweck: Die Gottesdienstbesucher sollten beim Betrachten der Bilder etwas lernen.

Es handelt sich um eine der ersten Darstellungen vom Stricken. Die Forschung fasziniert, dass ausgerechnet die Jungfrau Maria strickt. Das muss etwas bedeuten. In der katholischen Kirche ist sie schließlich über alle anderen Frauen erhaben.

Soll man das Stricken als Fleiß oder Überheblichkeit deuten? Stellt die strickende Maria für die Kirchenbesucher ein Vorbild der Tugend dar? Natürlich ist sie die Mutter des Erlösers, aber sie strickt eben auch. Bei dieser Deutung soll sich die Betrachterin des Gemäldes mit Maria identifizieren. Sie ist wie wir, da wir ebenfalls stricken.

Die Alternative wäre das Gegenteil: dass sich Maria mit ihrem Strickzeug von den normalen Kirchenbesuchern distanziert. Diese Deutung sieht das Stricken als eine Beschäftigung der Oberklasse und Jesu Mutter als unnahbar, weil sie einer Beschäftigung nur für reiche Menschen nachgeht. Der Pullover, den sie auf dem Gemälde strickt, wirkt dünn, möglicherweise ist er aus Seide, was für die zweite Deutung spräche.

Die Technik, der sich die Maria des Gemäldes bedient, entspricht der heutigen. Sie strickt rund mit Strumpfstricknadeln. Das Werkzeug hat sich weiterentwickelt, nicht jedoch die Arbeitsweise. Sie strickt glatt rechts, eine Technik, deren Ergebnis einem gewebten Material am ähnlichsten ist.

Wer hat im Laufe der Geschichte gestrickt? Wie und wann kam die Technik zu uns? Was strickte man?

Um ein Beispiel aus meiner Region zu nennen: Über russische Truppenbewegungen Anfang des 19. Jahrhunderts wissen wir sehr viel, bis hin zur Uhrzeit, zu der die russische Armee die Ålandinseln einnahm. Aber über die Kleider, die diese Armee trug, wissen wir nichts.

Das Oxford Unabridged English Dictionary verzeichnet für das Verb »to knit« im 15. Jahrhundert eine erste Nennung. Die Verben »to spin« und »to weave« sind älter, wir finden sie bereits in der Dichtung der Antike. Bis das Stricken ein selbstverständlicher Teil der europäischen Sprachen wird, dauert es bis zur Renaissance. Weder Griechisch noch Latein besitzen Wörter für »gestrickt«, aber Altphilologen meinen, in antiken Dichtungen mögliche Techniken und Andeutungen gefunden zu haben.

In *Die Macht der Maschen. Wie Stricken uns durchs Leben begleitet und miteinander verbindet* schreibt Loretta Napoleoni, »Stricken ist das Handwerk der einfachen Leute«, womit sie sagen will, dass Stricken allen zugänglich ist, auch den Armen. Fischernetze wurden mit einer frühen Variante dieser Technik geflickt. Das Material stammt von schmutzigen Schafen und der hauptsächliche Zweck eines gestrickten Kleidungsstücks ist, seinen Träger zu wärmen.

Strickwaren haben etwas Raues, Strohreste in der Wolle, Lanolin, das die Hände weich macht, und der Geruch, wenn die Wolle nass wird, die Kleidungsstücke, die durch das Tragen einen eigenen Charakter entwickeln. Ein gewebter Stoff dient ganz anderen Zwecken. Gobelins hängen sowohl in Kirchen als auch Schlössern, manchmal aus Seide mit eingewebten Perlen. Ein Gobelin dient als Objekt der Bewunderung und nicht dazu, bei praktischen Sorgen wie kalten Füßen Abhilfe zu leisten.

Das älteste Fragment eines Stoffs, der gestrickt wirkt, ist vermutlich etwa 8500 Jahre alt und wurde in einer Höhle in Israel gefunden. Ein anderes etwa 6200 Jahre altes Fragment stammt aus einem Fischerdorf in Dänemark.

Jesus besaß eine Vorliebe für Gleichnisse mit Schafen und verankerte seine Geschichten gerne im Alltag seiner Zuhörer. Wir können also davon ausgehen, dass es viele Schafe gab und dass ihre Wolle verarbeitet wurde.

In den Sprüchen Salomos im Alten Testament heißt es über die tüchtige Hausfrau: »Sie geht mit Wolle und Flachs um und arbeitet gerne mit ihren Händen.« Und zwar, damit die ganze Familie sich in Wolle kleiden kann. Im dritten Buch Mose steht im 19. Kapitel, dass man kein Kleid anlegen soll, das aus Wolle und Leinen gewebt ist (»zweierlei Faden«), auch Umhänge aus Wolle werden in der Bibel erwähnt, aber es gibt bedeutend mehr Schafhirten als Weberinnen im Alten und Neuen Testament, was schade ist, denn ich hätte gerne mehr über die Verarbeitung der Wolle erfahren.

Nadelbinden und Häkeln (die Variante, die beispielsweise noch in Tunesien und Afghanistan praktiziert wird) sind Techniken, die beide dem Stricken ähneln, und es ist schwer, Unterschiede zwischen Techniken in den wenigen Textilfragmenten, die erhalten geblieben sind, auszumachen. Es lässt sich nicht erkennen, ob diese Fragmente mit einer Nadel, mit Stricknadeln oder einem Haken angefertigt wurden. Hätten diesen Funden auch die verwendeten Werkzeuge beigelegen, wäre es kein Problem, die Technik zu ermitteln.

Die Werkzeuge zum Nadelbinden sehen aus wie winzige Weberschiffchen mit Loch, die Nadeln zum Stricken sehen aus wie heute, zum Häkeln ist nur eine Nadel oder Häkelnadel mit einem Haken nötig. Die Werkzeuge waren aus Knochen oder aus Holz und verwitterten schneller als die mit ihnen hergestellten Textilien.

In der Geschichte des Strickens werden oft Gräberfunde aus den südlichen Niederlanden und koptische

Strümpfe aus dem 5. und 6. Jahrhundert erwähnt, aber diese Strümpfe sind mit der Technik des Nadelbindens hergestellt.

Die Anfänge des Strickens sind also etwas unklar. Einige Quellen machen geltend, dass in Peru im 4. Jahrhundert Mützen und Schals gestrickt wurden, andere hingegen besagen, dass die Technik des Strickens im alten Ägypten entwickelt wurde.

Zum Nadelbinden braucht es eine Nadel, während zum Stricken (mindestens) zwei benötigt werden. Eine Theorie besagt, dass die Stricktechnik in Ägypten entwickelt wurde, weil es dort tüchtige Nadelbinderinnen gab, die mit Socken handelten. Stricken mit zwei Nadeln geht schneller als Nadelbinden mit einer Nadel. Also liegt es nahe, dass sich das Stricken aus dem Nadelbinden entwickelte, als die Handarbeiterinnen einer schnelleren und damit billigeren Methode bedurften, um Socken herzustellen.

Vermutlich brachten die Araber, die Spanien im 8. Jahrhundert eroberten, das Stricken nach Europa. In spanischen Gräbern wurden gemusterte Kissen und Strümpfe aus dem 12. Jahrhundert entdeckt.

In Paris wurde im 12. Jahrhundert eine Gilde der Stricker gegründet, England bekam im 16. Jahrhundert seine Strickergilden. Nur Männer waren als Mitglieder zugelassen, also konnten nur diese mit Strickwaren Geld verdienen. Frauen strickten ebenfalls, aber nur zu Hause und ohne damit Geld zu verdienen.

Die erste gestrickten Textilie im Ostseeraum wurde in einem Grab in Estland gefunden und datiert aus dem 13. Jahrhundert. Es handelt sich um den Teil eines Handschuhs in Rot und Blau. Die ältesten Reste eines Gestrickes auf der anderen Seite der Ostsee datieren aus dem späten 16. Jahrhundert: Bei einer Grabung in einer Schlackenhalde in Falun stieß man auf einen Handschuh, der mit zwei Fäden gestrickt war (»Tvåändsstickning«), diese Technik hat eine geringere Dehnbarkeit der Kleidungsstücke zur Folge, die mehr an gewebte Stoffe erinnern.

In Finnland verlief die Entwicklung des Strickens wie in der übrigen Welt. Auch hier gab es zuerst das Nadelbinden, das dann zum Stricken weiterentwickelt wurde. Als das Egentliga Finlands landskapsmuseum 1998 eine Grabung auf dem Gelände der Åbo Akademi durchführte, fand man dort sieben Stofffetzen, die Ende des 14. Jahrhunderts mittels des Nadelbindens hergestellt worden waren.

Man weiß, dass die Nonnen aus dem Kloster in Nådendal im 15. Jahrhundert Handschuhe strickten, da der Mönch Johannes Bernhard im Jahr 1443 einem Schreiben an das Mutterkloster in Vadstena ein Paar beilegte, aber es ist nicht bekannt, ob diese Handschuhe gestrickt oder genäht waren. Hingegen ist überliefert, dass die Nonnen im 16. Jahrhundert mit Strickwaren ihre hauptsächlichen Einnahmen erzielten.

Die ersten Strickmuster stammten ursprünglich von gewebten Textilien und waren recht kompliziert, da sie an andere Techniken angepasst waren. Die gestrickten Kleidungsstücke waren hart und unförmig, weil sie wie jene aus Stoff gestaltet wurden, bis man einsah, wie viel einfacher es war, sich in einem gestrickten Kleidungsstück zu bewegen, das nicht so dick wie Loden war. Daraufhin wurde die beste Eigenschaft der Strickwaren entwickelt: die Geschmeidigkeit.

Das Stricken erlebte im 16. Jahrhundert seinen Durchbruch, als man begann, rechte und linke Maschen zu stricken. Damit wurden Strickwaren eleganter und ließen sich einfacher an verschiedene Körperteile anpassen. Durch Verwendung von vier oder fünf Nadeln, einem Nadelspiel, konnten Strümpfe ohne ärgerliche Nähte hergestellt werden.

Diese Strümpfe ohne Nähte wurden in Italien produziert und erfreuten sich bei den Königshäusern großer Beliebtheit. Die Strümpfe, die sich der schwedische König Erik XIV. aus dem Süden kommen ließ, kosteten so viel, wie sein Kammerdiener im Jahr verdiente. Es handelte sich natürlich nicht um Wollstrümpfe, sondern um golddurchwirkte und mit Perlen verzierte Seidenstrümpfe.

Das Nordiska Museet in Stockholm besitzt einen kostbaren in England im 17. Jahrhundert aus gelber Seide und Goldfäden gestrickten Pullover mit Tulpenmuster.

Tulpen waren zu dieser Zeit in Mode, kostbar und äußerst rar. Muster mit Nelken, einer einfacheren Blume, verbreiteten sich mithilfe von Kaufleuten gleichzeitig in Schweden.

Die Strickindustrie wurde im 16. Jahrhundert von Männern betrieben und war gewissermaßen exklusiv. Alle wohlhabenden Leute in Europa trugen gestrickte Kleidungsstücke aus Fabriken, die von italienischen und spanischen Kaufleuten betrieben wurden, und die Männer der europäischen Strickgilden dieser Zeit genossen ein hohes Ansehen.

Einige Inseln und Inselgruppen sind in der Geschichte des Strickens von besonderer Bedeutung, aber wie auch andernorts wird das Handwerk erst im 17. Jahrhundert dokumentiert. Vielleicht, weil sich das Stricken in dieser Zeit allgemein durchsetzt oder weil erst von da an das Alltagsleben so gründlich und vielfältig dokumentiert wird, dass sich Quellen bis heute erhalten haben.

Der erste schriftliche Beweis für Strickwaren aus Gotland findet sich in den Akten der Zollbehörde, Visby Stora Sjötulls Journaler, aus dem 17. Jahrhundert, in denen der Export von Wollartikeln verzeichnet ist. Beispielsweise befanden sich in einer Schiffslast Ende des 17. Jahrhunderts 150 Paar Wollstrümpfe.

Im 18. Jahrhundert erhält das Stricken ernsthaft Auftrieb und Carl von Linné erwähnt die gotländischen Pullover in dem Tagebuch über seinen Besuch der Insel im Jahr 1741. Auf allen gotländischen Höfen wurden Schafe gehalten und Pullover, Socken und Handschuhe gestrickt. Von den Kindern bis hin zu den älteren Männern konnten alle stricken. Die einfachsten Pullover waren aus grauer Wolle und kosteten zwei Reichstaler, für gemusterte wurden fünf Reichstaler verlangt.

Eine weitere Berufsgruppe entstand neben den Strickern: die sogenannten »tröjkärringar« (Pulloverweiber). Im Herbst kauften sie ganze Posten Pullover und reisten mit ihnen nach Stockholm und an andere Orte, um diese zu verkaufen oder einzutauschen.

Andere Inselgruppen mit vielen Schafen und Woll- und Stricktraditionen sind die Färöer, die Fair Isle und die Shetlandinseln. Es heißt, dass das Stricken bereits im 4. Jahrhundert mit irischen Mönchen auf die Färöer gelangte und sich sofort durchsetzte, da es auf den Inseln Wolle im Überfluss gab.

Die Tradition der Fair Isle und der Shetlandinseln, Kleidungsstücke mit der Hand zu stricken, reicht bis ins 17. Jahrhundert zurück, und ich frage mich, warum die Ålandinseln in den Annalen des Strickens durch Abwesenheit glänzen. Die Ålandinseln liegen ebenfalls recht weit im Norden, aber es gibt dort nicht sonderlich viele Schafe. Es gibt Isländerpullover, Gotlandpullover, die Fair-Isle-Technik und besondere gute Wolle aus diesen Regionen, aber es existiert kein Ålandpullover, obwohl man sich im Laufe der Jahre an verschiedenen Modellen versucht hat. Die Zeitung Åland schrieb beispielsweise 2021 einen Wettbewerb aus.

Die Ålandinseln sind fruchtbar und weniger karg als andere nördliche Inseln. Hier hatte man die Möglichkeit, Kühe zu halten, die bessere Weiden benötigen als die genügsameren Schafe und Ziegen. Liegt es vielleicht daran, dass die Ålandinseln nicht für ihre Strickwaren bekannt geworden sind? Weil es dort weniger Wolle gab?

Im 18. Jahrhundert setzte sich das Stricken in Finnland und Schweden durch. In den produktivsten Jahren um 1750 strickte man in Nådendal beispielsweise 20 000 Paar Strümpfe im Jahr. Leute auf dem Land verdienten Geld, indem sie Strümpfe nach Åbo und Stockholm verkauften.

Der Export nahm im 19. Jahrhundert zu. Die finnischen Behörden ermunterten zum Stricken. Aus dieser Zeit existieren viele schriftliche Quellen über Kleidungsstücke und

Produktion. In Nachlassverzeichnissen aus Österbotten aus dem 18. Jahrhundert werden Pullover, Kopfbedeckungen, Strümpfe und Strumpfbänder erwähnt.

Die Fürsten trugen Seidenstrümpfe, aber die Landbevölkerung musste sich bis spät ins 19. Jahrhundert mit genähten Strümpfen aus Loden oder Leinen begnügen. Sie bestanden aus einem separaten Schaft und einem Unterteil, aber als die gestrickten Strümpfe ihren Einzug hielten, dauerte es nicht lange, bis diese Teile mit einer Ferse verbunden wurden.

Strümpfe für den Haushalt zu stricken gehörte zu den Aufgaben der Hausfrau und in Finnland werden eine große Anzahl Strümpfe bewahrt, die fern von königlichen Salons und Porträts angefertigt wurden. Diese oft gestreiften Strümpfe sind ein sehr ansprechender Anblick.

Es macht mehr Spaß, gestreift als einfarbig zu stricken, das fanden schon die Fischerfrauen im 19. Jahrhundert, und das finde ich auch. Man sieht, wie die Streifen wachsen, man trifft Entscheidungen, man produziert nicht nur, man kreiert.

Die Strickmaschine wurde im 16. Jahrhundert, dem entscheidenden Jahrhundert für das Stricken, erfunden. Das anfänglich handbetriebene Gerät verfügt heute über einen Elektromotor.

Erst in den 1950er-Jahren gelang es, kleine Strickmaschinen für Privathaushalte herzustellen. Für die Geschichte des Strickens spielen sie jedoch nur eine sehr untergeordnete Rolle. Eine Strickmaschine zu benutzen ist zwar nicht direkt Schummeln, aber etwas ganz anderes, als die Stricknadeln in den eigenen Händen zu halten, zu spüren, wie der Faden über die Finger läuft, und zuzusehen, wie das Muster entsteht.

Das Häkeln kam im 19. Jahrhundert in den Norden, zeitgleich mit dem ersten Baumwollgarn. Die frühen Häkelbücher enthielten Anleitungen für Mützen, Taschen und Spitze. Häkeln war immer etwas für die Oberschicht, nicht zuletzt, weil gehäkelte Sachen geringere praktische Bedeutung besaßen als gestrickte.

Wenn eine Bäuerin Anfang des 20. Jahrhundert eine müßige Viertelstunde dazu genutzt hätte, um ein Spitzendeckchen zu häkeln, so wäre dies geradezu unverantwortlich gewesen. Wollsocken, Stopfarbeiten und Babypullover hatten Vorrang.

Dass wir so viel über das Stricken, die Techniken und die Muster wissen, haben wir der Kunst und vor allem der Kirche zu verdanken. Ungefähr zu dem Zeitpunkt, als die Kirchen im 15. Jahrhundert begannen, bestickte Gegenstände aus dem Orient zu kaufen, erschienen gestrickte Kleidungsstücke auch häufiger in religiösen Gemälden.

Auf dem Chorgestühl des Doms von Västerås ist der 1436 verstorbene Jösse Eriksson in gestrickten Beinkleidern und einer gestrickten Mütze zu sehen. König Kristofer († 1448) trägt ein Gewand aus einem gestrickten Trikotstoff, das bis über die Fußspitzen reicht.

Arvid Liljelund hat 1880 die speziellen Pullover, die man im finnischen Korsnäs aus roter und weißer Wolle strickte, auf drei Gemälden abgebildet. Er ging so sehr ins Detail, dass sich die Muster anhand seiner Bilder rekonstruieren lassen. Vermutlich reiste er unter anderem nach Österbotten, um diesen komplizierten Pullover zu malen.

Carl Larsson veröffentlichte 1913 ein Buch mit dem Titel *Anderer Leute Kinder*, unter anderem mit einem Aquarell von 1911, das Matts Larsson zeigt, den Enkel von Larssons Verleger Karl Otto Bonnier. Er trägt einen weißen Pullover mit einem blauen und roten Muster. Auch diese Darstellung ist detailliert genug, um nach ihr das Strickmuster rekonstruieren zu können.

Der Wert des Strickens erhielt anlässlich der Schulordnung für die schwedischen Volksschulen im Jahr 1948, die vorsah, dass Mädchen lernen sollten, »Handschuhe und Socken zu stricken, Maschen anzuschlagen, rechte und linke Maschen zu stricken sowie Maschen abzuketten«, seine endgültige Bestätigung. In Finnland lernen Kinder immer noch in der Schule Stricken, im globalen Vergleich eine seltene Erscheinung.

Das Stricken, zum einen eine exklusive Beschäftigung, zum anderen eine Arbeit, durch die sich das Proletariat mit warmen Kleidern versah, entwickelte sich zu einem Handwerk, das alle Mädchen beherrschen sollten. Stricken wurde volkstümlich.

Oder? Legte diese Verordnung nicht fest, dass es sich um eine rein weibliche Beschäftigung handelte?

Auf diese Weise wurde das Erbe der strickenden Madonna unmerklich auf die kleinen Volksschülerinnen übertragen, die für den Hausgebrauch stricken lernen sollten.

Spinnen

Mein erster Roman hieß *Minkriket (Das Nerzreich)* und erschien 2014. Seither habe ich 13 Bücher veröffentlicht, dieses ist mein 14. Abends vor dem Einschlafen denke ich an Intrigen, die verdeutlicht werden müssten, an die Dramaturgie, die sich möglicherweise noch verknappen ließe, und an Figuren, die noch nicht die nötige Tiefe besitzen. Aber am allermeisten denke ich an Pullover, die ich stricken, und an aufwendige Muster, die ich umsetzen will.

Ich schätze Einzelstücke, deren Muster während des Strickens entstehen und die sich deswegen nicht wiederholen lassen. Die Taufkleider meiner Kinder habe ich freihändig gestrickt. Sie lassen sich nicht kopieren und sind ebenso einzigartig wie die Taufe meiner Kinder.

Ein Muster zu erfinden, ohne es aufzuschreiben, das ist in etwa so, wie in Sand zu schreiben oder eine Jazzimprovisation. Der Wert liegt in der Einzigartigkeit. Jene Menschen, die die Sandburg betrachten oder die Improvisation anhören dürfen, sind die Einzigen auf der Welt, denen dies vergönnt war.

Wenn ich frei stricke, darf ich keine Angst haben. Ich muss die Probleme lösen können, wenn sie auftauchen –

denn Probleme beim Stricken gibt es immer. Es gibt kein Muster, auf das man zurückgreifen könnte, googeln geht nicht, es gibt nur mich und meine Strickarbeit.

Ein Buch entsteht unter denselben Bedingungen: Versage ich, versagt das Buch. Es gibt aber noch mehr Parallelen: Während des Schreibprozesses fällt mir immer wieder aufs Neue auf, wie entsetzlich viele Worte ein ganzes Buch erfordert. Worte sind so klein, sie nehmen in der Welt so wenig Raum ein, kaum einen Zentimeter pro Stück, und ich darf nicht zögern, nicht innehalten. Wenn ich das erste Wort schreibe, dann kann ich nicht an alle Worte denken, die vor mir liegen.

Die Strickmaschen sind ungefähr so klein wie die Worte und es sind entsetzlich viele nötig, um einen Pullover herzustellen. Aber beim Stricken ist die Anzahl eine Verheißung und ich gehe das Projekt mit Eifer an. So viele Maschen darf ich stricken!

Bei den Worten ist es anders. Ich will schnell fertig werden, denn ich zweifle insgeheim an meinen Fähigkeiten. Wenn ich nun versage? Beim Schreiben habe ich immer Angst, beim Stricken bin ich unbekümmert.

Die Vorbereitungen für ein neues Buch und für ein neues Strickprojekt ähneln einander. Aus dem Nichts soll etwas entstehen und die Durchführung hängt von mir ab. Ich weiß, wie viel Zeit und Besessenheit nötig ist. Ich weiß, dass ich vollauf in Anspruch genommen werde und dass ich verschwinde.

Mir gefällt es, in einem Projekt zu versinken, ich weiß aber, dass es mich vielem anderen entzieht. Ich muss aufpassen, dass ich mich nicht gänzlich darin verliere.

Dass ich einen Pullover stricke, fällt meiner Familie nicht unbedingt auf, eines Tages liegt er dann unter einem Gewicht auf dem Badezimmerfußboden, damit er die richtige Form bekommt, ohne dass ich viel Aufhebens gemacht hätte. So ist es wahrhaftig nicht, wenn ich einen Text schreibe.

Meine Großmutter häkelte Lappen, die sie zu Decken und Kissen zusammenfügte. Ich besitze ein rosa Kissen und ein blaues und eine Decke, meine Eltern ebenfalls.

Meine Decke reicht für ein Doppelbett. Großmutter hat dafür über tausend Quadrate gehäkelt. Irgendwann muss sie die dünne beige Wolle ausgesucht und ausgerechnet haben, wie viele Knäuel sie benötigt. Dann setzte sie sich auf das Sofa in der Ecke mit dem Nähkorb und häkelte die Anfangsschlinge für das erste Quadrat.

Und eines Tages häkelte sie dann die letzte Masche des letzten Quadrats und vernähte alle Fäden, mindestens zwei pro Quadrat, und fügte tausend Quadrate zusammen. Alle gleich groß, jede Reihe gleich lang. Was geschah vor ihrem Fenster, welches Radioprogramm hörte sie? War sie niemals überfordert?

Eine Schreckgeschichte aus meiner Kindheit handelt davon, dass mein Vater als kleines Kind den Nähkorb fand und einen ganzen Pullover aufribbelte. Denn Großmutter strickte natürlich auch einen Pullover hier, ein Paar Socken da, wie das üblich war. Aber Häkeln war die Handarbeit ihrer Wahl.

Meine Großmutter mütterlicherseits nähte Patchworkdecken. Diese waren bunt und bestanden aus unterschiedlich großen Flicken aus abgelegten Kleidern in perfekten Farbkombinationen. Diese Patchworkdecken liegen heute im Haus meiner Großeltern auf der Küchenbank und auf dem Schaukelstuhl. Aus einigen fertigte sie Kissenbezüge. Mama deutet hin und wieder auf ein Rechteck und sagt: »Das da war mein Sommerkleid, hier ist Papas Hemd.«

Meine Mutter klöppelte ihre Brautkrone. Beim Klöppeln werden Spulen mit dünnen Fäden so bewegt, dass Spitze entsteht. Kaum jemand beherrscht heute noch diese Kunst, weil sie zu umständlich und zeitraubend ist. Unserer Familienchronik nach radelte meine Mutter von zu Hause 15 Kilometer mit dem Klöppelkissen auf dem Gepäckträger in den nächsten Ort, um einen Kurs zu besuchen.

Während meiner gesamten Kindheit hat meine Mutter genäht. Der Lärm ihrer Nähmaschine war mein Schlaflied. Sie nähte unsere Kleider, Pullover, Jacken und Hosen. Als ich klein war, stand bei uns zu Hause ein Webstuhl. Bei unseren Nachbarn auch. Seit einigen Jahren besucht meine Mutter Webkurse des Arbeiterbildungsvereins, in denen sie komplizierte historische Techniken wie »Rosengång« (Köperbindung) und »Munkabälte« (eine Art Leinwandbindung) lernt.

Meine Geschwister und ich bestellen bei ihr Teppiche und dürfen uns die Farben aussuchen. Aus ihrer eigenhändig pflanzengefärbten Wolle hat meine Mutter Decken für uns gewebt. Aus den alten und losen Teppichen ihrer Mutter, die diese mit geschwächtem Sehvermögen webte, hat sie große Kissen genäht.

Vor einigen Jahren bekam ich zu meinem Geburtstag Kissen, die aus meinen eigenen gehäkelten Patchworkversuchen genäht worden waren. Die Flicken waren ungleichmäßig, einige groß, andere klein, und aus verschiedenen Wollsorten gefertigt. Diese Flicken hatten, seit ich von zu Hause ausgezogen war, in einer Tüte gelegen. Meine Mutter entdeckte sie zufällig und häkelte eine schwarze Kante um die Vierecke, damit sie alle die gleiche Größe erhielten. Dann nähte sie drei Kissen aus diesen Quadraten und verzierte sie mit gestickten Zitaten über das Schreiben, beispielsweise von dem Schriftsteller Zacharias Topelius: »Kein Tag ohne eine Zeile.« (Inte en dag utan en rad.)

Abends sitzt meine Mutter vor dem Fernseher und strickt Socken. Eine Socke pro Abend schafft sie mühelos. Wir haben Hunderte von Socken zu Hause. Wir tragen sie, bis sie Löcher bekommen, dann geben wir sie meiner Mutter, damit sie sie stopft.

Es ist ein Luxus, nicht lernen zu müssen, wie Strümpfe gestopft werden. Diesen Luxus können sich nur jene leisten, denen es nie an Zeit und Wolle gemangelt hat. Eigentlich müsste auch ich lernen, Socken zu stopfen, denn Kaputtes nicht zu reparieren ist etwa so, als würde man ein Manuskript vor dem Druck nicht noch ein letztes Mal durchsehen.

Großmutter besaß ein besonderes Werkzeug zum Strümpfestopfen, einen Stopfpilz aus Holz, den sie in die Ferse der Socke schob, denn dort befand sich ja zumeist das Loch. Dann nähte sie ein Fadennetz über das Loch, bis der Flicken fertig war. Was ist wohl aus ihrem Stopfpilz geworden?

Ich bilde mir ein, dass ich alles Erdenkliche stricken kann. Aber das stimmt nicht. Es gibt eine Menge Muster, die mir Mühe bereiten. Dann werde ich wütend, ribble alles wieder auf, werfe die Stricknadeln beiseite und fauche. Aber nicht einmal jetzt, während ich diese Zeilen schreibe, kenne ich meine Grenzen. Gebt mir nur Wolle und Stricknadeln, und ich vollbringe Wunderwerke. Nur her damit!

Meine Mutter war besorgt, als ich anfing, dieses Buch zu schreiben. »Stell dir vor, die Leute glauben dann, dass du tatsächlich gut stricken kannst«, sagte sie. Ja, überlegte ich, vielleicht glauben sie das ja. Mir soll's recht sein.

Wenn ich auf die Rezensionen meiner Bücher warte, bin ich nicht so sorglos. Da denke ich: Wenn euch meine Bücher nicht gefallen, sterbe ich.

Alle anderen Fähigkeiten musste ich mir erobern, aber das Stricken wurde mir mitgegeben, es liegt in meiner DNA. Unendlich viele Jahre vererbten Frauenwissens sind in meinen Händen und in meinem Kopf gespeichert.

Ich werde entscheiden, was ich aus der blauen Wolle erschaffe, und ich habe keine Angst. Alles ist möglich.

Es war einmal ein Schaf

Das Material, das wir zum Stricken verwenden, könnte einem Märchen entsprungen sein. Es handelt von Schafen, die beinahe ausstarben, Ziegen im Himalaya, Alpakas und Kaninchen.

Wir beginnen mit dem Schaf und der magischen Wolle.

Es gibt ungefähr zweihundert verschiedene Schafrassen auf der Welt. Schafwolle ist das gebräuchlichste Material für gestrickte Pullover. Seit 10 000 Jahren sind Schafe Haustiere. Sie kamen aus Asien nach Europa. Im Norden wurden sie in der Steinzeit heimisch.

Die Wollfaser enthält viel Luft und diese sorgt für thermische Isolation. Wolle wärmt, kühlt aber auch. Sie ist elastisch und knitterfrei und wärmt auch dann noch, wenn sie nass wird. Wolle kann bis zu 30 Prozent ihres eigenen Gewichts an Wasser absorbieren, ohne sich nass anzufühlen.

Jede Schafrasse hat ihre eigene Wolle mit den für sie spezifischen Eigenschaften. Beispielsweise hat die Wolle des Merinoschafs, die Merinowolle, den Ruf, sehr weich zu sein.

Ein Schaffell besteht aus drei verschiedenen Fasern. Die Unterwolle älterer Rassen (»märghår«), die auch schon mal als tote Wolle bezeichnet wird, ist hohl, grob und bricht leicht. Sonst ist die Unterwolle weich, kurz und gekräuselt und dem Körper des Schafes am nächsten. Sie wärmt, aber widersteht Nässe nicht sonderlich gut. Das tut jedoch das Deckhaar, die äußerste Wolle. Dieses Deckhaar ist elastisch, grob und gewellt und leitet Nässe ab.

Der besondere Geruch der Wolle geht vom Lanolin, dem Wollfett, aus. Diesem Fett sind die wasserabweisenden Eigenschaften der Wolle zu verdanken. Aber Wolle hat nicht nur wärmend und wasserabweisend zu sein.

Abhängig davon, wie die Wolle vor der Anwendung behandelt wird, wird sie als Streichgarn oder Kammgarn bezeichnet. Hier könnte ich mich seitenweise in Schafzucht und in die Frage, wie man versucht, ältere Schafrassen am Leben zu erhalten, vertiefen und das Sprichwort »ull är mull« (Wolle ist Erde) zitieren, das so viel besagt wie, dass auch Wolle vergänglich ist.

Stattdessen denke ich an meine Großmutter, die die Pullover aufribbelte, die meine Mutter in ihrer Jugend gestrickt hatte. Sie tat das nicht aus Bösartigkeit, sondern weil meine Mutter sie nicht mehr trug und sich die Wolle wiederverwenden ließ. Da ist Wolle dann Erde.

Ich denke an den romantischen Dichter des frühen 19. Jahrhunderts Erik Johan Stagnelius, der Schafe und Wolle mit Silber verglich, und an die Weberin in *Mio, mein Mio*, die einen Mantel webt, der unsichtbar macht und ihre Tochter wieder zum Leben erweckt. Nicht nur ich finde also, dass Wolle sowohl meine Fantasie beflügelt als auch praktisch ist.

Zu lernen, wie man sein Kind stillt, kann eine schmerzhafte Prozedur sein. Brustwarzen sind empfindlich und sollen mit einem Mal stundenlanges wütendes Saugen verkraften. Das Stillen war zu Beginn so schmerzhaft, dass mir schwarz vor Augen wurde.

»Stopf dir Wolle in den BH«, rieten die Hebammen, »das lindert.«

Dann gaben sie mir eine Handvoll unbehandelte Wolle und ich knüllte sie verzweifelt in meinen BH. Das half natürlich, denn Wolle ist magisch, und Hebammen wissen, was sie tun.

Durch die ständige Reibung im BH verfilzte sich die Wolle nach und nach und verwandelte sich in einen festen Klumpen. Es ist sowohl eine angenehme Begleiterscheinung als auch ein Fluch, dass Wolle beim Stricken verfilzen kann.

Man kann Wolle absichtlich verfilzen, indem man zu groß gestrickte Handschuhe so lange in den Wäschetrockner legt, bis sie die gewünschte Größe haben. Dann sind sie so verfilzt, dass sie gleichmäßig warm halten. Es kann aber auch geschehen, dass man einen eigenhändig gestrickten Pullover versehentlich in die Waschmaschine legt und ihn anschließend in Puppengröße und steinhart wieder herausnimmt.

Wolle schützt wunde Brustwarzen, aber auch Gletscher. Ein Teil des südlichsten Gletschers Schwedens, des Helagsgletschers, wird während des Sommers mit einer Wolldecke abgedeckt, um das Abschmelzen zu bremsen. Dieses

Experiment begann im Sommer 2021, als man ein kleines Stück des Gletschers mit einem 40 Quadratmeter großen Wolltuch abdeckte. Das Ergebnis war besser als erwartet. Die Gletscherschicht unter dem Tuch war im Herbst vier Meter dicker als die sie umgebende Gletschermasse.

Neuseeland, Australien und Großbritannien sind große Wollproduzenten. Stricken erfreut sich in den letzten Jahren immer größerer Beliebtheit. Im Zuge dessen sind in Nordeuropa viele neue kleine Spinnereien entstanden, die lokale Wolle verarbeiten. Hoffentlich lässt sich so in Zukunft verhindern, dass die Schweden jährlich 840 Tonnen Wolle wegwerfen, weil sie nicht verarbeitet werden kann.

In Norwegen existiert ein System aus Wollsammelstellen für SchafbesitzerInnen, etwa so wie Bauern früher Milchkannen am Straßenrand abstellten. Die Bezahlung richtet sich nach Qualität und Verwendungsmöglichkeiten.

Wolle ist ein klimafreundlicher, einheimischer Rohstoff. Schwedische Unternehmen wie Fjällräven und Filippa K haben erkannt, welche Möglichkeiten Schafwolle in der eigenen Produktion zu bieten hat.

Je nach Klima werden Schafe ein- oder zweimal jährlich geschoren. Die Unterwolle, die dem Körper des Schafs am nächsten ist, wird zu Wolle verarbeitet. Die grobe Oberwolle besteht überwiegend aus toten Zellen und aus dieser lassen sich keine schönen Pullover stricken.

Wenn das Schaf geschoren ist, wird die Wolle gewaschen, gekämmt und gesponnen. Als Kind habe ich gerne mitgeholfen. Die Schafe wurden mit einer großen Schere geschoren und rannten dann nackt und verwirrt zurück auf ihre Wiese, während wir die Wolle wuschen und uns dann in einen Kreis setzten, um sie zu kämmen.

Die flauschige gekämmte Wolle wird mit einem Spinnrad zu Fäden gesponnen und zu Garn verzwirnt. Dieses Garn wird zu großen Strängen aufgewickelt. Dann kann man anfangen zu stricken.

Wolle ist ein fettes Material. Auch nachdem die Wolle gesponnen ist, enthält sie noch Fett. Strickt man mit Wolle, werden die Finger weich und im besten Fall riecht es sogar ein wenig nach Schaf. Dann weiß man, dass alles echt ist!

Meist wird die Wolle nach dem Spinnen gefärbt, obwohl das Garn bereits die natürliche Farbe der Schafe hat. Dunkelbraun, Weiß und Grau.

In den 70er- und 80er-Jahren hat meine Mutter ihre Wolle selbst gefärbt. Sie hat Farben aus der Natur verwendet, beispielsweise Schilfrohr, mit dem sich eine gelbgrüne Farbe erzeugen lässt, und Zwiebelschalen für Orangetöne. Diese Farben sind wunderschön, mild und weich.

Im Zuge des zunehmenden Bewusstseins über die Schädlichkeit gewisser Chemikalien, die in Textilfabriken verwendet werden, erfreuen sich Pflanzenfarben immer größerer Beliebtheit.

Mohair (Angorawolle) kommt von der Angoraziege, die unter anderem in Südafrika und Argentinien heimisch ist. Mohairgarn ist flauschig und warm, lässt sich aber nicht so gut stricken, da es so glatt ist. Deswegen wird Mohair mit anderen Wollarten oder Kunstfasern vermischt.

Die beste Wollqualität stammt von den Zicklein und heißt Kidmohair. Mohair erinnert an Wolle, filzt aber nicht und enthält kein Lanolin.

In den Bergen des Himalayas lebt die Ziege, der wir die Kaschmirwolle verdanken. Eine Ziege liefert nur hundert Gramm Wolle pro Jahr, was den Preis von Kaschmirkleidungsstücken erklärt.

Das Angorakaninchen stammt aus Zentralasien, China, Afghanistan und dem Iran. Dieses Garn ist teuer, da ein Kaninchen nicht viel Wolle liefert, aus der sich Garn spinnen lässt.

Was wäre ein Märchen, wenn es nicht auch das Böse gäbe? Was ist das Böse in diesem Märchen? Tja, nicht alles ist weich, wollig und rosig. Beim Kauf von Angorawolle sollte darauf geachtet werden, dass der Pelz geschoren und nicht abgezupft wurde. Außerdem ist die Kaschmirindustrie problematisch, da die Ziegen die Weiden so gründlich abgrasen, dass es zu Erdrutschen kommt.

Der Wollkauf ist nicht so einfach, wie man es gerne hätte, aber welches Märchen ist das schon?

Auch die Alpakawolle hat sich in den letzten Jahren zunehmend durchgesetzt. Wurde dieses Tier früher nur für seine Wolle gehalten, ist es mittlerweile auch zu einer Touristenattraktion geworden.

Seide ist der kostbarste Faden. Er wird von der Seidenraupe erzeugt, die sich in einen Kokon aus einem kilometerlangen Faden einspinnt. Die Larve frisst sich aus dem Kokon heraus, wenn sie schlüpft. Um den Seidenfaden nutzen zu können, muss man ihn ernten, bevor es so weit ist. Das geschieht, indem man den Kokon in kochendes

Wasser legt. Die Larve stirbt und der Faden wird abgewickelt. Um mit einem Seidenfaden stricken zu können, muss das Garn mit Wolle oder Baumwolle vermischt sein.

Es gibt weiterhin Wolle aus Kamelhaar, Hundehaar und Ziegenhaar, und früher strickte man Frauenhaare in Handschuhe, um diese haltbarer zu machen.

Das meiste Garn stammt also aus dem Tier- und Insektenreich, aber Baumwolle, Leinen und Bambus sind pflanzlichen Ursprungs.

Ägyptische Mumien wurden in Baumwolle gehüllt und die ersten bekannten Strickarbeiten (oder Nadelbindearbeiten) aus Ägypten sind aus Baumwolle. Nach Nordeuropa kam die Baumwolle im 18. Jahrhundert und erfreute sich bei den wohlhabenden Leuten sofort großer Beliebtheit. Baumwolle hat den Vorteil, dass sie nicht nach Schaf riecht und blendend weiß ist, nicht grau oder weißlich gelb wie die Wolle von Schafen.

Baumwolle hat andere Eigenschaften als Wolle, sie ist weniger dehnbar, weniger flexibel und der Faden ist dünner. Aus Baumwolle strickt man keine warmen Pullover, sondern Spitze, Strümpfe, Handschuhe und luftige Kleidungsstücke für die wärmeren Jahreszeiten.

Baumwollbüsche erfordern jährlich mindestens 200 frostfreie Nächte, daher lassen sie sich nicht im Norden anbauen.

Flachs hingegen gedeiht im Norden, aber das aus Flachs gewonnene Leinen lässt sich nicht gut stricken, weil es ziemlich rau ist und knittert. Leinen wird hauptsächlich zum Weben verwendet.

Als Superwash-Wolle bezeichnet man Wolle, die in der Maschine gewaschen werden kann, und ich lese hin und wieder lange Artikel über Nylon, Acryl und Viskose und Pflanzenfasern wie Bambus oder Garne, die aus Soja- oder Milchproteinen bestehen.

Die Materialversorgung ist gesichert, so viel steht zumindest fest. Solange es Schafe gibt, gibt es Hoffnung, wollte ich gerade schreiben, aber das ist nicht einmal die Wahrheit. Die Kreativität, die in Strickwaren zum Ausdruck kommt, findet ihre Entsprechung in dem Fantasiereichtum, mit dem Tiere und Pflanzen entdeckt werden, die Haare, Fäden oder Fasern liefern. Es gibt also auch ohne Schafe Hoffnung.

Vor etlichen Jahren starb das Wollschaf beinahe aus, aber das zunehmende Strickinteresse scheint ihm jetzt die Existenz zu sichern. Der Ausdruck »Wolle ist Gold« ist wieder einmal aktuell.

Wenn ich an einer Schafweide vorbeigehe, begrüße ich die Schafe. Es begann mit einem harmlosen Spaß: Sind die Schafe wirklich so dumm, dass sie nicht begreifen, dass da ein Mensch blökt? Die Schafe blicken auf, vereinzelt wird zurückgeblökt, einige kommen zum Zaun. So allmählich glaube ich, dass ich eine geheime Begabung besitze: die Fähigkeit, mit Schafen zu reden. »Die Frau, die blöken konnte«, wäre das nicht ein schöner Titel für eine Autobiografie?

Darum

Ich stricke gerne, weil ich mich gut dabei entspannen kann. In Lebensphasen, die sich selbst genug sind, kann ich immer noch eine Strickarbeit in Händen halten, einen glatt gestrickten Pullover, einfarbig, mit rechts-links-gestricktem Bündchen. Den allereinfachsten. Das Ergebnis wärmt ebenso gut wie ein Pullover mit kompliziertem Muster.

Ich stricke gerne, weil ich dann das Gefühl habe, etwas Nützliches zu tun. Ich kann tagelang vor dem Fernseher verbringen, und wenn ich gleichzeitig stricke, dann ist selbst diese träge Beschäftigung produktiv.

Ich stricke gerne, weil das die Entspannung effektiviert. Ja, das Stricken beinhaltet diesen Widerspruch. Die Gedanken kreisen, der Tag war anstrengend, aber nachdem ich eine Stunde gestrickt habe, habe ich das Gefühl, als hätte ich zwei Stunden lang ausgeruht. Das liegt an den repetitiven Bewegungen. Während sich die Hände bewegen, kann der Kopf sich besser ausruhen.

Ich gehe gerne in den Wollladen. In fremden Städten besuche ich lieber ein Wollgeschäft als eine Buchhandlung. Wolle hat keine Sprache. Ein Wollladen ist ein körperliches

Erlebnis, man befühlt die Wolle und stellt sich die Kleidungsstücke vor, die daraus entstehen könnten.

Ich lerne gerne neue Techniken. An einem ruhigen Samstag setze ich mich ohne Hörbuch oder Fernseher hin, nehme die Stricknadeln in die Hand und stelle mich der Herausforderung. Mir gefällt die Gewissheit, dass diese nie endet, weil es immer noch weitere Techniken zu erlernen gibt.

Ich treffe auch gerne andere Strickerinnen, wir erkennen einander und die Pullover, die wir tragen, und haben ein Auge für die Farben und Sinn für die Wollqualität.

Ich unterhalte mich gerne über das Stricken mit Menschen, mit denen ich sonst nichts gemein habe. Selbst die anstrengendste Kollegin hat etwas plötzlich Freundliches im Blick, wenn ich auf Strickmuster für Handschuhe zu sprechen komme (oder ich vergesse das Anstrengende und bin selber freundlicher gesonnen).

Ich blättere gerne in Zeitschriften mit Strickmustern. Wenn ich einen hübschen Pullover sehe, denke ich, dass ich ihn vielleicht eines schönen Tages stricke.

Mir gefällt es, den Abkettfaden durch die letzte Masche zu ziehen und somit den fertigen Pullover von den Nadeln zu lösen.

Mir gefällt es, einen Pullover zum ersten Mal anzuprobieren.

Mir gefällt es, wenn mein Mann den Pullover trägt, den ich gestrickt habe. Das hübsche Muster und die Farbe, die zu seinen Augen passt.

Mir gefällt es, wenn meine Kinder an kalten Tagen die wärmsten Pullover tragen, die ich gestrickt habe.

Mir gefällt es, die blaue Wolle zu betrachten und noch nichts entschieden zu haben. Noch ist nichts beschlossen, noch kann ich glauben, dass sich diese Wolle in einen Pullover verwandelt, der alle meine Wünsche erfüllt.

Werkzeug

Einer der ältesten Gegenstände im Heimatmuseum (Hembygdsgård) auf Dånö auf Åland ist ein Strickgürtel. In einem Video erklärt eine der begeisterten Betreiberinnen des Museums, dass die Dorfbewohnerinnen selbst dann strickten, wenn sie zu Fuß unterwegs waren, weil sie nicht »im Gehen müßig sein« konnten. Mit anderen Worten: Spazieren gehen um des Spazierengehens willen war ausgeschlossen. Wenn sich eine Frau von der Weide zum Kuhstall aufmachte und keinen Milcheimer oder Korb in der Hand hielt, dann sollte sie stricken.

Strickgürtel wurden auch an anderen Orten als auf dieser nördlichen Insel des Åland-Archipels verwendet, beispielsweise in Norwegen und auf den Shetlandinseln. Im norwegischen Gebirge strickten die Frauen, während sie auf steilen Bergweiden Kühe hüteten. Das Garnknäuel lag in der Schürzentasche und die Frauen verwendeten den Strickgürtel, um schnell stricken zu können.

Man legt sich einen Gürtel um, der vorne ein ovales Lederkissen aufweist. Dieses Kissen hat ein Loch, in das man eine Stricknadel steckt. Diese bewegt sich nicht und steht im rechten Winkel vom Gürtel ab. Gestrickt wird mit einer losen Stricknadel. Eine geübte Strickerin konnte es auf zweihundert Maschen pro Minute bringen.

Diese Strickweise existiert nicht mehr. Heutzutage müssen wir nicht mehr Torfballen auf dem Rücken transportieren und gleichzeitig stricken. Jetzt gibt es nur noch zwei Stricktechniken. Bei der nordeuropäischen Strickweise wird der Faden mit der linken Hand gespannt.

Bei der zweiten, im angelsächsischen Sprachraum und in Südeuropa gebräuchlichen Methode wird der Faden mit der rechten Hand geführt. Sie entstand, als ordentliche Adelsfräulein zu stricken begannen, um sich die Zeit zu vertreiben. Nicht Schnelligkeit, sondern gepflegte Hände waren von Bedeutung. Bei dieser Technik wird der Faden vom rechten Zeigefinger gehoben und auf die Nadel gelegt.

Die ersten Stricknadeln hatten spitze Enden und waren aus Holz, Knochen, Kupferdraht oder Elfenbein gefertigt. Später dominierten verschiedene Metallarten. Der Dorfschmied stellte Stricknadeln her, indem er Eisendrähte auf die gewünschte Länge schnitt und die Enden polierte. Aber Eisen ist nicht optimal, da es schwer ist und sich verformt, wenn die Strickware größer wird.

In Europa wurde Eisen und in Nordafrika Messing verwendet. Die spanischen Strickerinnen benutzten Nadeln aus sogenanntem Toledostahl.

Erst im 19. Jahrhundert erhielten Stricknadeln eine Kappe an einem Ende. Bis dahin waren Pullover auf acht bis zwölf kurzen Nadeln gestrickt worden. Auch wenn sich das Design des Werkzeugs nicht sonderlich verändert hat, können doch sehr viel Mühe und Geld darin investiert werden.

In meiner Kindheit bestanden Stricknadeln aus glattem Metall. Heutzutage werden sie aus Bambus, Plastik, Ebenholz oder Rosenholz hergestellt. Es gibt viereckige und runde Nadeln, spitze und weniger spitze. Sie sind unterschiedlich glatt oder rau und ihre Länge variiert.

Die normalen geraden Nadeln heißen Jackenstricknadeln. Sie eignen sich für Anfänger, da ein Ende mit einer Kappe versehen ist, sodass das Garn nicht abrutscht.

Neben diesen Jackenstricknadeln gibt es kürzere Strumpfstricknadeln ohne Kappe. Sie werden verwendet, um kleinere Kleidungsstücke, beispielsweise Socken und Handschuhe, rundzustricken.

Rundstricknadeln bestehen aus zwei kurzen mit einem Perlondraht verbundenen Nadeln. Der Draht kann unterschiedlich lang sein. Will man Vorder- und Rückseite eines Pullovers stricken, benötigt man einen langen. Zum Stricken von Ärmeln verwendet man Rundstricknadeln mit einem kürzeren Draht. Rundstricknadeln lassen sich wie Jackenstricknadeln auch zum Flachstricken verwenden.

Die Nadeln sind unterschiedlich dick und die Stärke und Länge sind auf der Nadel angegeben. Die Stärke muss an die Wolle angepasst werden. Um die Dinge zu komplizieren, wird die Dicke der Nadeln auf drei Arten angegeben: in Millimetern und in englischen und amerikanischen Maßen, die sich an Drahtstärken orientieren. Nadeln, die dicker als neun Millimeter sind, sind unhandlich und eher selten.

Das Material der Stricknadeln eignet sich mehr oder weniger gut für verschiedene Garne. Beispielsweise empfiehlt es sich nicht, einen Pullover aus haarigen Fasern wie

Mohair mit Nadeln aus Holz zu stricken, da es an diesen mehr haftet als an Stricknadeln aus Metall.

Ich stricke immer mit Rundstricknadeln, also Nadeln mit einem Perlondraht, auch wenn ich hin und her stricke. Es belastet die Schultern weniger, wenn ein schweres Kleidungsstück nicht abwechselnd auf der einen oder anderen Stricknadel hängt.

Eine Rundstricknadel hat einen weiteren Vorteil: Sie braucht wenig Platz. Man kann irgendwo beengt sitzen, beispielsweise in der Bahn, ohne Gefahr zu laufen, andere Passagiere in die Seite zu piken.

Natürlich besitze ich eine kleine Tasche für mein Strickzeug. Darin befinden sich die wichtigsten Stricknadeln, hauptsächlich Rundstricknadeln und Strumpfstricknadeln der Größe 3 oder 4. Rundstricknadeln aufzubewahren ist mühsam, weil sie sich ineinander verheddern. Zieht man eine heraus, kommen fünf andere mit. Die Rundstricknadeln, die ich am häufigsten verwende, verwahre ich in einer roten Tasche, in der einmal das Zubehör einer Schreibmaschine lag.

Die beste Verwahrung für Rundstricknadeln, von der ich bislang gehört habe, ist ein CD-Etui. Auf die Plastikfächer kann man die Größe der Stricknadel schreiben, weil diese bei viel verwendeten Nadeln irgendwann nicht mehr lesbar ist.

In meiner Stricktasche habe ich auch ein Stoffportemonnaie für Maschenraffer und Maschenmarkierer, Nähnadeln in verschiedenen Größen, eine kleine Schere, ein Maßband und ein Nadelmaß. All diese Dinge müssen beim

Stricken greifbar sein, denn nichts behindert den Flow so sehr, wie plötzlich nach einer Stopfnadel suchen zu müssen.

Vor einigen Jahren stellte die Textilkünstlerin Hannele Ögård »Hanneles ofärdiga arbeten« (Hanneles unfertige Arbeiten) in der Bücherei in Jomala aus. Sie hatte in ihren Schränken aufgeräumt und fast hundert unvollendete Arbeiten gefunden. Nicht vernähte Fäden, misslungene Handarbeiten, Strickwaren, die sie nur noch aufribbeln wollte. »Alle, die sich mit Handarbeiten beschäftigen, werden ein Déjà-vu-Erlebnis haben«, schrieb Ålands Radio damals über die Ausstellung.

Es ist absurd, dass man manchmal kurz vor Schluss aufgibt. Viele Strickerinnen verabscheuen es, Fäden zu vernähen und Ärmel anzunähen, sie sind das alte Projekt leid und haben Lust auf neue Wolle und neue Strickmuster.

Für alle diese abschließenden Arbeiten braucht man Stopfnadeln, Scheren, Häkelnadeln und Kammnadeln.

Wenn zu guter Letzt alle Fäden vernäht sind und das Kleidungsstück fertiggestellt ist, muss es gespannt werden. Dieses Spannen ist die beste Freundin der Strickerin, die ungleichmäßig strickt, und falls das Kleidungsstück zu klein ausgefallen sein sollte, hat man jetzt noch einmal die Möglichkeit, es diskret zu dehnen.

Fertige Strickstücke aus reiner Wolle werden vollkommen durchspült, bevor man sie zum Trocknen flach hinlegt. Bei dieser Gelegenheit wird das Teil in Form gelegt. Man kann es auch zwischen zwei nasse Handtücher legen oder mit einer Sprühflasche anfeuchten.

Auf Fair Isle gibt es spezielle Gestelle, auf denen die fertigen Pullover aufgespannt werden, weil es wichtig ist, dass das Strickstück gleichmäßig belastet wird, da es sonst aufgrund der Elastizität nasser Wolle schief werden könnte.

Um Strickstücke zu spannen, braucht man viel Geduld. Eigentlich würde man den Pullover ja gerne sofort anziehen und der Welt vorführen. Aber das Spannen lohnt immer. Man glaubt, dass man den Pullover halbwegs gleichmäßig gestrickt hat, bis man die Veränderung vor Augen hat. Das erinnert ein wenig an ein Manuskript, von dem man annahm, dass es fertig sei, bis man es noch einmal mit einem Redakteur durchgeht und sich schämen muss.

Aber dann ist es endlich so weit. Man zieht den Pullover an und erkennt, dass er perfekt sitzt. Natürlich tut er das. Immer. (Nein, ich mache Witze. In diesem Stadium stellt man nämlich fest, dass man die Ärmel verkehrt herum angenäht hat.)

Die Garnwinde

Die blaue Geburtstagswolle habe ich in großen Strängen gekauft. So ist das oft bei Wolle, besonders, wenn sie direkt vom Produzenten kommt. Stränge bewahren die Fasern der Wolle besser. Praktische, handliche Knäuel sind eine neumodische Erfindung.

In meiner Stricksozialisation habe ich wie alle das Garn aufgewickelt und verschiedene Methoden verwendet, um Stränge in Knäuel zu verwandeln.

Die einfachste Methode ist, dass jemand, in der Regel ein Kind, die Arme vor sich ausstreckt, damit ich den Strang zwischen seinen Handgelenken aufspannen kann. Mein 82-jähriger Schwiegervater kann das aus dem Effeff. Als Kind hat er seiner Mutter dabei geholfen, Garn aufzuwickeln, und er weiß genau, wie er die Arme im Takt der Pendelbewegung der Aufwicklerin bewegen muss. Aber Wolle aufwickeln ist zeitraubend und es gibt viele Stränge und diese Aufgabe ist deswegen bei Kindern von heute nicht sonderlich beliebt.

Die andere Alternative, der ich mich meist bediene, ist, den Wollstrang über zwei Stuhllehnen zu spannen. Das funktioniert, ist aber nicht optimal. Der Faden verfängt sich in den Stühlen und man muss sich äußerst unergonomisch vorbeugen, wobei man allerdings die Bauchmuskeln trainiert.

Die Probleme beim Wolleaufwickeln hatten auch die Mutter meines Schwiegervaters und ihre Mutter und alle, die je einen Wollknäuel aufwickeln mussten, also gibt es dafür natürlich ein Werkzeug, das man zu Hilfe nehmen kann, wenn sich die Kinder weigern oder sich der Faden in den Stuhllehnen verfängt.

Es gibt Garnwinden oder Schirmhaspeln, die an der Tischkante festgeschraubt werden und die an kleine Windmühlen erinnern. Größere Modelle stehen auf dem Fußboden. Die Pointe ist, dass sie sich drehen. Man spannt den Wollstrang auf der Haspel auf und kann das Knäuel bequem aufrollen, während die Winde ihre Arbeit macht.

Früher gab es Garnwinden auf jedem Bauernhof, aber heute sind sie selten geworden. Leider bietet IKEA keine Garnwinde Greta an (das sollten sie aber).

Zweckmäßige Ausrüstung senkt die Frustration und auf diesem Fundament sollte jede Art von Handarbeit ruhen. Deswegen möchte ich das Problem des Garnaufwickelns ein für alle Mal lösen und eine Garnwinde anschaffen. Früher waren sie unverzichtbar, also müsste es möglich sein, eine gebrauchte aufzutreiben.

Rein mit der Familie ins Auto und ab in die åländische Provinz. Ich besteche alle mit Eis und einem Ausflug an den Strand. Unterwegs machen wir bei jedem Garagenflohmarkt halt, insbesondere dort, wo das Speicherinventar alter Bauernhöfe verkauft wird.

Und natürlich finde ich eine Garnwinde. Sie steht zwischen alten CDs, Küchenbänken und Ziertellern auf einem Bauernhof, der von Angehörigen entrümpelt wird. Sie ist grün, recht schmutzig und kostet acht Euro.

Meine Garnwinde steht auf dem Fußboden und reicht mir bis zur Brust. Die Ausführung ist gediegen. Der Fuß ist schwer, eine Voraussetzung dafür, dass die Garnwinde beim Abwickeln der Stränge nicht umfällt. Nach oben hin wird sie schmaler, damit man Stränge unterschiedlicher Größe aufspannen kann. Sie dreht sich, ohne zu klemmen, quietscht nicht und ist leichtgängig. Der stolze Handwerker hat sie mit Schnitzereien verziert.

Der Handwerker, schreibe ich, als wüsste ich nicht, um wen es sich handelt: C. J. Johansson aus Kulla hat am 10. Februar 1903 meine Garnwinde fertiggestellt, wie er eigenhändig mit Bleistift auf dem Fuß vermerkte.

Carl Johans Frau freute sich sicher sehr über eine so gute Garnwinde und darüber, dass er sich auch noch die Mühe gemacht hatte, sie zu dekorieren und grün anzustreichen. Vielleicht mit der Farbe, die von den Fensterrahmen übrig geblieben war?

Da stand also Carl Johans Frau und wickelte die Wolle ab und freute sich darüber, wie mühelos sich die Winde drehte und wie leicht ihr die Arbeit von der Hand ging, weil sie sich jetzt nicht mehr von störrischen Kindern helfen lassen musste. Ich empfinde dieselbe Freude, als ich den ersten Strang blaue Wolle auf die Winde aufgespannt habe und anfange, sie abzuwickeln.

Die Magie

Im Nordisk familjebok, einem Konversationslexikon von 1917, findet sich eine komplizierte Beschreibung des Strickens: »Stricken ist die Herstellung eines Gewebes, im Zuge derer der Faden zu Schlaufen, ›Maschen‹, geformt wird, die ineinandergreifen und einander auf diese Weise festhalten.«

Wenn ich es langsam lese, dann verstehe ich beinahe, was ich zu tun habe. Im Nordisk familjebok klingt es kompliziert, aber Stricken ist nicht schwer. Schon ein kleines Kind kann diese Technik erlernen. Das Lesen von Strickmustern und eine gleichmäßige Strickweise stellen hingegen eine Herausforderung dar. Und dann ist natürlich auch noch jede Menge Geduld vonnöten. Ein gestricktes Kleidungsstück ist immer auch ein Triumph der Ausdauer.

Gestrickt werden zwei Arten von Maschen, rechte und linke. Diese lassen sich unendlich kombinieren.

Zwei Maschen rechts und zwei Maschen links ergeben ein Bündchen.

Glattstricken bedeutet rechte Maschen auf der Vorderseite und linke Maschen auf der Rückseite. So sind die meisten Pullover gestrickt. Mit Rundstricknadeln brauchst du nur rechte Maschen zu stricken, um denselben Effekt zu erzielen.

Rechtsstricken bedeutet rechte Maschen sowohl auf der Vorder- als auch der Rückseite. Zwei Reihen bilden eine Einheit. Nur rechte Maschen auf zwei Nadeln, die hin und her gestrickt werden, ergeben ein anderes Muster als das Glattstricken und besitzen mehr Struktur. Dasselbe Resultat erhält man, wenn man ausschließlich linke Maschen strickt.

Das Geniale am Stricken ist, dass rechts auf der Rückseite links wird und umgekehrt. Das ist die Voraussetzung dafür, dass Stricken im Grunde eine so einfache Technik darstellt. In ihrem Buch *Knitting: 200 Q & A. Questions Answered On Everything* schreibt Rita Taylor: »Die rechte Masche bildet auf der Seite, die mir zugewandt ist, ein V, das verkehrt herum ist, sowie eine Erhöhung auf der Rückseite, während die linke Masche eine Erhöhung auf der Vorderseite bildet und ein umgekehrtes V auf der Rückseite.«

Wenn du rechte und linke Maschen beherrschst, kannst du beliebig viele verschiedene Strukturen stricken, ganz abhängig davon, wie du sie kombinierst.

Bündchen strickt man, indem rechte und linke Maschen am selben Ort der Strickarbeit wiederholt werden, rechts über rechts und links über links, beim Perlmuster werden rechte und linke Maschen im Wechsel gestrickt und in den folgenden Reihen dann die rechten Maschen links und die linken Maschen rechts. So ergibt sich eine Art Knötchenmuster.

Es gibt verschiedene Arten, Maschen abzunehmen und zuzunehmen, es gibt Zöpfe, Luftmaschen und Patentmuster. Man kann tunesisch oder Krausrippen stricken, mit Picotrand abketten, Taschen einsetzen oder Spitzenhalstücher stricken. Entweder lernt man diese Techniken nach und nach oder eben gar nicht. Rechts und links stricken genügt.

Die zweite geniale Eigenschaft des Strickens ist, dass dabei nie Langeweile aufkommt. Es gibt keine Strickerin, die je ausgelernt hätte, es gibt immer neue Techniken zu erobern.

Stagnation existiert beim Stricken nicht. Man kann mehrere Jahre hintereinander immer die gleichen Pullover stricken und damit zufrieden sein, aber wer sich plötzlich nach Abwechslung sehnt, erlernt beispielsweise das Fallmaschen-Wellenmuster oder das Schrägstricken und sieht sich dabei mit einer ganz neuen Technik konfrontiert, die viel Geduld erfordert und zum Fluchen verleitet.

Denn ja, ich muss zugeben, manchmal entschlüpft mir ein kleiner Fluch. So habe ich im Januar einen Pullover gestrickt, auf den ich seither wahnsinnig wütend bin (jetzt ist Oktober). Beinahe hätte ich der Musterkonstrukteurin eine bitterböse Mail geschickt. Aber gestern wurde mir plötzlich klar, was ich falsch gemacht hatte und warum der Faden nie dort war, wo ich ihn gebraucht hätte. Das war eine Offenbarung!

Je mehr man strickt, desto gleichmäßiger fällt das Ergebnis aus. Wenn ich eine Tätigkeit schätze, dann fällt sie mir auch leichter. Dann ertrage ich die vielen Stunden, die sie erfordert, und genieße sie sogar. Das gleichmäßige Resultat stellt sich von selbst ein, wie bei jedem Handwerk ist Theorie sekundär und Praxis primär.

Es gibt immer neue Techniken zu erlernen und die schweren sind meist die, die Spaß machen, und falsch stricken ist auch kein Weltuntergang, denn es ist ja nur Wolle und die ribbelt man dann eben wieder auf.

Ich kann natürlich einen Pullover nach dem anderen mit rechten Maschen und geraden Armlöchern stricken. Ob ich was dazulernen will, liegt ganz an mir. Fluchen muss ich erst, wenn ich ehrgeizigere Projekte angehe.

Oft lese ich ein Strickmuster durch und verstehe gar nichts. Aber dann lese ich es noch einmal durch und verstehe plötzlich genau, worum es geht, und halte das Projekt sogar für durchführbar.

Dann beginne ich zu stricken, komme voran, und wenn ich den Punkt erreiche, den ich zuerst nicht begriffen hatte, ergibt plötzlich alles einen Sinn. So ist es auch, wenn ich Romane schreibe. Ich weiß vorher nie, wie es weitergeht, bis ich an den verwirrenden Punkt gelange, aber da löst sich dann immer das Problem. Mit dieser schönen Einsicht kommt man gut durchs Leben.

In *Lucky Luke. Die Eskorte* fährt eine ältere Dame in der Postkutsche durch die Prärie. In jedem Bild ist sie mit ihrem Strickzeug zu sehen. Sie strickt einen Strumpf, allerdings falsch herum, das heißt, sie strickt das Beinstück und der Fuß ist bereits fertig. Nach und nach zeigt es sich, dass die Dame die Verbrecherin ist. Man fühlt sich an die strickenden Spioninnen im Ersten Weltkrieg erinnert (siehe das Kapitel »Politisches Stricken« weiter hinten im Buch). Auch auf der Prärie wird Stricken mit Unschuld gleichgesetzt und kein Mitglied der Reisegesellschaft wäre auf die Idee gekommen, dass die Dame die Verbrecherin sein könnte.

Mich hat diese Strickarbeit immer gestört. Ich fand, der Zeichner hatte schlecht recherchiert und dass man der Verbrecherin anhand der fehlerhaften Strickarbeit hätte auf die Spur kommen müssen, aber inzwischen weiß ich, dass man beispielsweise in der Türkei und in Afghanistan Socken auf diese Art strickt. Vielleicht hatte die Verbrecherin ja in der Türkei Stricken gelernt?

In Japan, wo es eine vierjährige Strickausbildung gibt, werden Bündchen ganz anders gestrickt als in Nordeuropa.

An vielen verschiedenen Orten der Welt wurde und wird die gleiche Technik verwendet, um Daumenkeile zu stricken, ohne dass sich die Strickerinnen begegnet sein und Muster ausgetauscht haben können, aber in Norwegen gibt es einen ganz besonderen Daumen, der eine bessere Passform hat.

Das Ziel war für die Strickerinnen immer wesentlich. Sie wollten oder mussten warme und praktische Kleidungsstücke herstellen. Die verschiedenen Techniken zeigen, dass viele Wege möglich sind, um dasselbe Resultat zu erzielen. Oder wie Solveig Larsson in *Solveigs vantar – vantar, mönster och inspiration* (*Solveigs Handschuhe – Handschuhe, Muster und Inspiration*) schreibt: »Die Handschuhe strickte sie aus Notwendigkeit, die Muster aus Freude.«

Strickwaren sind immer auf dem Grat zwischen Handwerk und Kunst balanciert, zwischen praktischem Nutzen und kultureller Leistung. Seeleute brauchten warme Pullover und bekamen gemusterte, weil Pullover aus doppelten Fäden wärmer sind, und die Muster wurden zahlreicher und komplizierter und erhielten so einen persönlichen Charakter. Die Pullover waren sowohl warm als auch schön.

Das Bedürfnis, sich zu wärmen, wenn man friert, verbindet alle Menschen.

Der Mensch kann es nicht unterlassen, etwas zu erschaffen. Gib einer Frau einen Wollfaden, dann wendet sie ihn hin und her, findet eine Schlaufe, zieht den Faden hindurch, und schon ist eine neue Technik entstanden.

Das Lager

Die Familie will in den Herbstferien nach Gotland, alle haben unterschiedliche Pläne, Mountainbike fahren, sich ins Mittelalter vertiefen und natürlich Wolle kaufen. Gotland ist für seine Wolle berühmt und ich beschaffe mir vor dem Aufbruch eine Liste sämtlicher Läden.

Zu diesem Zeitpunkt leiden wir bereits anderthalb Jahre unter der Pandemie und niemandem wäre im Traum eingefallen, dass die isländische Wolle, die für die Islandpullover benötigt wird, irgendwann einmal ausverkauft sein könnte, weil sich das Stricken dieser Pullover zu einem Pandemiehobby entwickeln würde.

Auf Gotland soll es einen Laden mit einem vollen Lager geben, den ich aufsuchen möchte. Vorher begegne ich in Visby im Museum einer jungen Frau, die meinen Pullover bewundert, einer Verkäuferin in einem Wollgeschäft, die mir erklärt, wie man beim Stricken eines Raglanpullovers Maschen abnimmt, was ich bislang nicht konnte, und außerdem gehe ich an einem Schaufenster vorbei, in dem ein so schöner Pullover hängt, dass ich reingehen und nach dem Strickmuster fragen muss. Eine gute Reise also.

Als wir vor ein paar Jahren ein neues Auto kauften, fanden wir, dass es kein Kombi mehr sein müsste. Schließlich waren die Kinder inzwischen groß, Kindersitze und -wagen benötigen keinen Platz mehr, und wie viel Gepäck braucht man schon? Die Kinder protestieren allerdings, wenn sie zwischen Trompetenkästen, Sporttaschen, Campingkochern und Skiausrüstung eingeklemmt sitzen müssen. Und Wolle natürlich.

Man sollte meinen, dass Wollknäuel kaum Platz beanspruchen und weich und formbar sind. Aber Wolle besteht zum größten Teil aus Luft und nimmt ziemlich viel Raum in Anspruch, jedenfalls, wenn man die Gelegenheit nutzt und viel Wolle kauft. Wir haben mittlerweile folgende Packstrategie: Jedes Knäuel wird separat verpackt. Eines steckt im Trompetentrichter, weitere in Schuhen, im Handschuhfach, in der Toilettentasche und natürlich zwischen, unter und über den Kindern.

Keine Strickerin braucht noch mehr Wolle. Das ist ein Fakt. Es müsste möglich sein, in ein Wollgeschäft zu gehen und Wolle für einen einzigen Pullover und auch nicht mehr zu kaufen, den Pullover fertig zu stricken, alle Fäden zu vernähen und erst dann die Wolle für den nächsten Pullover zu erwerben. Das tut aber niemand.

Ein Wollknäuel enthält das Versprechen unendlicher Möglichkeiten, und wenn ich weitere Knäuel besitze, dann wird dieses Versprechen noch größer. Deswegen lege ich mir einen Vorrat zu.

Ich finde es inspirierend, Wollgeschäfte zu besuchen, in denen jedes Knäuel eine Verheißung darstellt! Wer kann einer Verheißung widerstehen, die nur 3,90 Euro kostet? Und ich muss zugreifen, wenn ich eine ungewöhnliche Wolle sehe, eine, die besonders schön ist oder gerade ausverkauft wird, eine Farbe, die bald nicht mehr lieferbar sein wird, oder eine Wolle, die zu dem Projekt passt, das man sich für die Zeit vorstellt, wenn die nächsten fünf Pullover fertiggestellt sind, und dann noch ein paar Knäuel zusätzlich, falls die vorgesehene Zahl nicht stimmen sollte.

Außerdem, sage ich mir, spielt es keine Rolle, wenn Wolle übrig bleibt, weil ich immer einen Kinderpulli oder einen Pullover aus Restwolle stricken kann.

Dass ich mir an meinem Geburtstag blaue Wolle gekauft habe, ist nicht außergewöhnlich. Wolle kaufe ich auch an ganz normalen Dienstagen und Samstagen und man könnte von mir verlangen, dass ich erst wieder Wolle kaufe, wenn der Vorrat bei mir zu Hause aufgebraucht ist. Einen Traum nach dem anderen abarbeiten, würden Leute mit mehr Ordnungssinn sagen.

Aber ich will jederzeit stricken können, wonach mir der Sinn steht. Ich will mich nicht von den Öffnungszeiten und dem Angebot irgendwelcher Wollgeschäfte einschränken lassen. Mein eigener Wollvorrat muss für alles ausreichen.

Das Problem ist nur, dass Träume so flüchtig sind. Wolle kaufe ich mit der Vorstellung, sie sofort zu verwenden, aber kommt mir andere Wolle dazwischen, vergesse ich meinen anfänglichen Eifer und werfe mich in das nächste Projekt.

Zeitweilig erlasse ich ein Kaufverbot und begutachte meinen Vorrat. Das ist durchaus inspirierend, aber seltsamerweise fehlt dann immer ausgerechnet jene Farbe, die dem Pullover zur Perfektion verhelfen würde. Also muss ich den Wollladen aufsuchen und Wolle nachkaufen, und wenn ich schon einmal dort bin, entdecke ich eine dicke Wolle in einer sehr schönen Farbe … ihr versteht schon, wieso mein Wollvorrat immer größer wird.

AutorInnen sammeln Notizbücher und hoffen, dass eines davon sie zu einem perfekten Text inspirieren wird. Man weiß noch nicht, wovon das Buch handeln soll, man sieht nur den Traum und ist äußerst kaufwillig. So ist es mit Wolle auch.

Jetzt befinde ich mich in einem kleinen Dorf bei Visby, in dem eine Dame einen Laden besitzt, dessen Regale von dieser isländischen Wolle überquellen, die im restlichen Skandinavien ausverkauft ist. Es versteht sich, dass ich mir diese Gelegenheit nicht entgehen lasse.

Als ich mit meinen Tüten zum Auto zurückkehre, schaut der Älteste von seinem Platz zwischen Trainingskleidern und Fahrradsachen hoch. Mein Mann sagt nichts, sondern beginnt, ein Wollknäuel nach dem anderen in den Lücken im Kofferraum zu verstauen.

Ein Trend vergeht, Wolle besteht

Trends entstehen erst, wenn die Bedürfnisse befriedigt sind. Man kann kaum behaupten, dass Strickwaren bei der Arbeiterklasse im 19. Jahrhundert angesagt waren, und noch weniger, dass Stricken als Handarbeit in Mode war. Die Leute brauchten Kleider und die mussten gestrickt werden.

Wer schöne Strickkleidung betrachten möchte, sollte Filme anschauen, die sich von der Wende zum 20. Jahrhundert bis in die 1960er-Jahre abspielen, die Zeit also, in der es noch keine Parkas aus Polyester gab. Bis dahin wärmte man sich mit gestrickten Pullovern, Jacken und Schals.

Man sehe sich beispielsweise Pippi Langstrumpfs klassischen weißen Seemannspullover mit blauen und roten Streifen, den Pullover des Knechts Alfred oder den von Tjorven an. In der Welt Astrid Lindgrens gibt es noch viele gestrickte Kleidungsstücke.

In der Fernsehserie *Outlander* kommen ebenfalls viele fantastische gestrickte Kleider vor, vor allem große Umschlagtücher, die über der Brust gekreuzt und auf dem Rücken verknotet werden, Pulswärmer und kurze gestrickte Jacken gibt es aber auch.

In Filmen und Fernsehserien sind Strickwaren oft anonym und für besondere Zwecke entworfen, es gibt aber auch klassische Muster, die versierte Strickerinnen wiedererkennen, weil sie Teil der eigenen Strickentwicklung waren.

Vor 150 Jahren lernten die Mädchen Stricken, indem sie aus weißer Baumwolle in Patentmuster ihre Binden anfertigten. Diese zu stricken war sicher recht aufregend, weil sie eine erwachsenere Zukunft verhießen. Als Frauen ihre Binden nicht mehr selbst strickten, bestand das erste Strickprojekt in der Regel aus einem Paar Topflappen.

Ein Kittel war das selbstverständliche Kleidungsstück für kleine Kinder vom Mittelalter bis Anfang des 20. Jahrhunderts. Im Schwedischen definierte dieses Kleidungsstück sogar ein bestimmtes Alter: das Kittelalter (koltåldern), also in etwa die Zeit, ab der ein Kind krabbeln kann, bis etwa zum sechsten Lebensjahr.

Ein weiteres mindestens ebenso notwendiges gestricktes Kleidungsstück waren die wollenen Unterhosen (mameluckerna), die im Winter unter dem Rock getragen wurden, um die nackte Haut zwischen Strümpfen und Hüftmieder oder zwischen Strümpfen und Leibchen zu bedecken. Leibchen wurden von Mädchen und Jungen noch bis weit ins 20. Jahrhundert getragen. Das Leibchen war ein Unterhemd mit Knöpfen auf der Vorder- oder Rückseite, das direkt auf der Haut getragen wurde. Sie waren aus Wolle oder Baumwolle und wurden gestrickt oder gehäkelt.

Und dann die Socken, diese ewigen Socken, die neben Handschuhen die meistgestrickten Kleidungsstücke gewesen sein müssen. Der Bedarf war endlos, denn immer ging eine Socke verloren oder wurde verschlissen.

Im Schottland des 18. Jahrhunderts waren Strümpfe so kostbar, dass man sie sogar ins Leihhaus bringen konnte, besonders dann, wenn sie selbst gestrickt waren.

Eine gewisse Extravaganz lassen die Kragen erkennen, die für Kinderkleidchen gestrickt, gehäkelt oder geklöppelt wurden. Sie erfüllten aber auch einen Zweck. Mit abnehmbaren Kragen ließen sich im Handumdrehen Alltagskleider in Festkleider verwandeln und diese ließen sich bedeutend leichter waschen als ganze Kleidungsstücke, die an viele Schwestern weitervererbt wurden.

Strickmuster, sowohl was Motive als auch Modelle betrifft, wurden im Laufe der Geschichte entweder vererbt oder in Echtzeit von Strickerinnen entwickelt. Früher bezeichnete man im Schwedischen Strickmuster als Rezepte, was sprachlich mehr Sinn macht, weil »Muster« doppeldeutig ist, da es sich sowohl auf die Beschreibung als auch auf das Modell beziehen kann.

Eines der frühesten Muster ist das Sonnenrad und man geht davon aus, dass es in mehreren Ländern gleichzeitig entstanden ist. Eine Reigentänzer darstellende Borte datiert ins frühe 20. Jahrhundert. Die vielfältige öländische Mustertradition fand vor allem bei Handschuhen Verwendung. Es gibt viele Pullover, die nach der Region benannt sind, aus der sie (vermutlich) stammen, und Rosen waren in der gesamten Strickgeschichte ein beliebtes Motiv.

Muster und Modelle spiegelten eine pragmatische Einstellung zu Bedürfnissen und Verwendungsbereichen wider. In kalten Kirchen wurden Handschuhe benötigt und gestrickte Kirchenhandschuhe waren an den Fingerspitzen offen, damit man im Gesangbuch blättern konnte. Sie glichen den Handschuhen der Marktfrauen, waren jedoch aus feinerer Wolle gestrickt.

Schwere Wassereimer schnitten in die Handfläche, deswegen kam besonders im Baltikum, in Norwegen und in Finnland eine spezielle Technik mit doppelten Fäden zur Anwendung, um dickere Handschuhe anzufertigen.

Pullover wurden von oben nach unten gestrickt, da man wusste, dass die Bündchen unten und an den Ärmeln bei der Arbeit verschlissen. Schadhafte Bündchen ließen sich so problemlos aufribbeln und neue Bündchen anstricken.

Das Leben und die Erwartungen der Menschen spiegeln sich in den Strickarbeiten wider. In den 1950er-Jahren sollten die Mädchen lernen, Hausfrauen zu werden, und strickten deswegen Babykleider für ihre Puppen.

Die schönen mehrfarbigen Pullover, die wir heute mit Norwegen verbinden, verdanken ihre Entstehung ebenfalls einem praktischen Bedürfnis. Die Strickerinnen erkannten, dass zwei Fäden wärmer sind als einer. Besonders gut wärmt die Luft zwischen den beiden Fäden. Neben der Grundfarbe lief daher ein weiterer Faden auf der Innenseite des Pullovers mit. Dieser Faden, man spricht von einem flottierenden Faden, darf nicht zu lang werden, weil sonst die Gefahr besteht, dass man sich in ihm verfängt. Durch seine Befestigungen entstand ein Muster. Diese

Befestigungsmasche in abweichender Farbe heißt auf Norwegisch »lus« (Laus) und daher tragen diese Jacken den Namen »lusekofte« (wörtlich: Läusejacke).

So viel Kreativität ist wirklich verblüffend! Die Farben, die Muster und die Persönlichkeit, die durch das Stricken zum Ausdruck kommen. Etwas zu schaffen befriedigt, und obwohl manche Frauen vermutlich jede Minute des Strickens hassten, werden die meisten eine große innere Zufriedenheit dabei empfunden haben, Muster zu erschaffen, die noch niemand gesehen hatte.

Der Begriff Islandpullover beschreibt mehrere Arten von Pullovern, wie Celia B. Dackenberg in ihrem Buch *Ylle & Bläck. Essäer om poetkoftor och annat författarylle (Wolle & Tinte. Essays über Poetenjacken und andere Schriftstellerwolle)* erläutert. Ein Islandpullover ist in erster Linie ein schlichtes Arbeitskleidungsstück aus ungewaschener Wolle, das Regen und Wind abweist.

Eine andere Art Islandpullover besitzt ein Muster aus verschobenen Maschen. Diesem Muster begegnet man auch in Halland. Dort heißt es jütländisches Muster. Dieses Muster hat also gar nichts mit Island zu tun. Es kommt aus Schweden!

Der Islandpullover, wie wir ihn heute kennen, besitzt einen gemusterten Jochkragen. Anna-Lisa Mannheimer schuf viele solcher Muster in den 1940er-Jahren für das Textilunternehmen Bohus Stickning. Diese Muster orientierten sich an den schönen grönländischen Perlkrägen, die es im Übrigen auch bei afrikanischen Kleidungsstücken gibt.

Aber die Islandpullover entstanden natürlich vor allem auf Island, wo viele Frauen sich vor der Industrialisierung durch das Stricken von Handschuhen und Socken versorgten. Die neuen Maschinen veränderten die Versorgungsmöglichkeiten. Gleichzeitig gab es große Mengen ungesponnener Wolle, sogenannte Vorwolle, die die Schafbauern von den Spinnereien zurückerhielten.

Auf Isländisch heißen die Pullover »lopapeysa«, was »Pullover aus Schafwolle« bedeutet (lopa ist der Genitiv von lopi, Wolle). Im Unterschied zu einem Raglanpullover sieht man in der Passe nicht, wo abgenommen wurde, sondern das Abnehmen ist Teil des Musters. Die ältesten erhaltenen Islandpullover datieren aus den 1930er-Jahren.

Nachdem ich meinen ersten Pullover gestrickt hatte, den großen gestreiften, interessierte ich mich für Islandpullover. Ich strickte das Muster Riddari (Ritter), ohne zu wissen, dass ich damit das klassischste isländische Muster gewählt hatte. Ich trage diesen Pullover noch immer, trotz fallen gelassener Maschen, die mit Sicherheitsnadeln befestigt sind.

Und wie bei einem Kind, das von sich aus Kopffüßler malt, folgte meine Strickentwicklung einer fast vorherbestimmten Bahn. Nach dem Stricken von Klassikern wagte ich mich an eigene Muster. Ich begann, auf ein Stück kariertes Papier und mithilfe eines Taschenrechners einen grauen Pullover mit einem grünen und roten Muster zu zeichnen. Beim Zeichnen eigener Muster erkannte ich, wie wichtig es ist, dass in der Passe auch die leeren Flächen mit Farbe gefüllt werden, weil es sonst unfertig wirken würde.

Der graue Pullover mit dem eigenen Muster ist verschollen, was vielleicht eine Gnade ist. So kann ich mir einbilden, dass er sehr schön war.

In Deutschland und Frankreich erschienen die ersten Musterbücher im 19. Jahrhundert, aber erst in den späten 1940er-Jahren begannen die Hersteller von Wolle, Muster als Teil des Marketings zu betrachten. Die Strickmuster wurden stückweise verkauft oder in Zeitschriften veröffentlicht, aber meist fehlte ein Bild des fertigen Kleidungsstücks.

Die Empfehlung einer bestimmten Wolle oder Nadelstärke ist eine neuere Erscheinung. Wie groß ein Kleidungsstück ausfiel, stellte immer eine Überraschung dar, jede Strickerin wählte die Wolle nach Verfügbarkeit. Mit anderen Worten, es war recht aufregend und schwierig, Kleidungsstücke nach den frühesten »Rezepten« zu stricken.

Anfänglich wurden nur Muster für praktische Kleidungsstücke angeboten. Die Firma Borås Hemslöjd vertrieb beispielsweise Strickmuster für Wollhosen, aber mit der Zeit veröffentlichten Zeitschriften dann auch Strickmuster für trendige Kleidung. In den 1960er-Jahren war beispielsweise eine sogenannte »Sportgarnitur« modern, Socken, Handschuhe, Mütze und Schal mit identischen Streifen. Frauenzeitschriften veröffentlichten die entsprechenden Strickmuster.

Das Buch *Vi syr, vi stickar, vi virkar (Wir nähen, wir stricken, wir häkeln)* von 1946 enthält viele wichtige Näh-,

Strick- und Häkelanleitungen für die Hausfrau von damals. Es wurde von einem Amt mit dem Namen Aktiv Hushållning (Aktiver Haushalt) herausgegeben, dessen Aufgabe es war, in Krisenzeiten praktische Ratschläge zu erteilen. Es enthält Muster für alles, was man sich in einem ordentlichen Haushalt vorstellen kann, von bestickten Kissen bis hin zu Aufbewahrungsbeuteln für Handschuhe und Socken.

In den 1950er-Jahren und auch noch später erfreuten sich einige Muster besonderer Beliebtheit. Aus dieser Ära stammt der gestrickte Babyhelm mit Schirm. Selbst ich, ein Baby aus den 1970er-Jahren, trug dieses Modell, das ich auch für meinen Ältesten gestrickt habe.

Manche Strickmuster verraten auch etwas über die Sicht auf Kinder und ihre Beweglichkeit. Vera Diurson von Aktiv Hushållning verhalf in den 1950er-Jahren einem Strumpf zu erneuter Popularität, der bereits im 19. Jahrhundert gestrickt worden war. Sein Verdienst war, laut Diurson, dass sich das Baby frei bewegen durfte, also nicht am ganzen Körper gewickelt wurde. Der Strumpf hatte den Vorteil, nicht abzurutschen, wenn das Baby mit den Beinen strampelte.

Auf diese Art und Weise lassen sich nicht nur allgemeine Bedürfnisse, sondern auch politische Ideale an den Stricktrends ablesen.

Die Wollfabrikanten erkannten nach und nach, dass Frauen nicht nur Hausfrauen und Mütter waren, sondern selbst gerne etwas Elegantes besitzen wollten. Seit Ende der 1950er-Jahre präsentierten die Strickmusterzeitschriften daher gestrickte Chanel-Kleider und Handtaschen.

Die Unisexmode in den 1960er-Jahren ermunterte die Strickerinnen, Pullover für die ganze Familie nach denselben Strickmustern zu stricken. Dieser Gedanke sah von Geschlechterrollen ab und stärkte gleichzeitig das Ideal der Kernfamilie.

Im Lauf der Geschichte scheint der Stricktrend mit einem zunehmenden Interesse für das Outdoorleben einherzugehen. Im Jahr 1890 kam die Schottenmütze in Stockholm in Mode, da sie einer Vorstellung von Bewegung an frischer Luft entsprach. Auch der Trend Anfang des 20. Jahrhunderts, norwegische Wolljacken zu tragen, fällt damit zusammen, dass sich die Städter nach dem Wald sehnten.

Der jüngste Stricktrend entstand während der Pandemie, als es nichts anderes zu tun gab, als entweder zu Hause zu sitzen oder begegnungsfrei in den Wald zu gehen.

Das Urheberrecht gestrickter Kleidungsstücke lässt sich nur schwer festlegen. Wer ein bestimmtes Muster entworfen hat, ist oft nicht mehr zu ermitteln. Außerdem variiert jede Strickerin das Muster nach eigenem Gutdünken. Wo verläuft die Grenze?

Heute ist es verboten, Strickwaren nach dem Muster anderer zu verkaufen. Die Strickerin darf also Strickmuster anderer Strickerinnen verwenden, aber nicht zu kommerziellen Zwecken.

Selbst ohne Copyright kann man einem Kleidungsstück seinen Namen geben: Die Strickjacke ist nach Lord Cardigan benannt, der Raglanärmel mit der guten Passform, der Pullover unter einem Jackett besser aussehen lässt, nach Lord Raglan.

Verschiedene Landesteile und verschiedene Länder weisen unterschiedliche Stricktraditionen auf. Handschuhe aus Norrbotten und Lettland sind oft in drei Farben pro Reihe gestrickt, während bei der Fair-Isle-Methode mit zwei Farben gestrickt wird, die sich im Muster abwechseln.

Nach der Inselgruppe gleichen Namens ist eine der beliebtesten Mehrfarbstrickarten, das Fair-Isle-Stricken, benannt. Eine andere ist das Intarsienstricken. Beim Fair-Isle-Stricken, streng genommen eine Variante des Jacquardmusterstrickens, wird ein Muster in einer Reihe regelmäßig wiederholt. Alle Farbenfäden laufen mit. Beim Intarsienstricken hingegen ist das Muster solitär, beispielsweise ein Herz. Die Musterfarbe bleibt beim Muster, während die Reihe weitergestrickt wird, und die Fäden werden verschränkt gestrickt, damit keine Löcher entstehen.

Die eigentümlichen Fair-Isle-Muster entstanden im 18. Jahrhundert und die Motive spiegeln die Traditionen der Insel wider. Die traditionellsten heißen »muckle flooers« und bestehen aus 17 Reihen, die wiederholt werden, und die etwas kleineren »fivey flooers«, die aus elf Reihen bestehen. Die ältesten Muster haben vier Farben, zwei im Vorder- und zwei im Hintergrund, aber jede Strickerin hat im Laufe der Geschichte eine eigene Deutung dieser Muster angefertigt.

Der Prince of Wales, der spätere König Edward VIII., machte das Fair-Isle-Muster bekannt. Als man in den 1920er-Jahren den Vertrieb ankurbeln wollte, kamen die shetländischen Verantwortlichen auf die Idee, einen schottischen Golfpullover für den Prinzen stricken zu lassen. Er trug ihn, ließ sich damit fotografieren und erwähnte ihn sogar in seiner Autobiografie. Damit war für das Überleben dieser Pullover gesorgt.

Auf Fair Isle gibt es auch eine ganz eigene Fischermütze, die vermutlich auf das 17. Jahrhundert zurückgeht, ein sogenanntes »fisherman's kep«. Ähnliche Mützen wurden auch in den baltischen Ländern und in den Niederlanden gestrickt.

Der Mariuspullover, angeblich Norwegens beliebtester Pullover, war Gegenstand eines Rechtsstreits. Seine Schöpferin, Unn Søiland Dale, hat sehr viel dafür getan, den Status des Strickens zu verbessern. Aber vielleicht war sie gar nicht Urheberin dieses Pullovers, daher der Rechtsstreit.

Die Guernseypullover stammen von der Insel Guernsey im Ärmelkanal. Hier gibt es viele Schafe. Die Inselbewohner erkannten, dass man Wolle, statt diese zu exportieren, in veredelter Form verkaufen konnte. Und zwar gestrickte Pullover mit den traditionellen Mustern der Insel.

Die Männer waren Fischer und brauchten warme Pullover. Die Wolle wurde mit Indigo gefärbt und ein ganz eigenes Bortenmuster entwickelt, das rechte und linke Maschen auf unterschiedlichste Weise kombinierte, wodurch ein Perlmustereffekt erzielt wurde. Der untere Teil des Pullovers verschwand in der Hose, daher wurde darauf keine gefärbte Wolle verschwendet, er blieb also weiß. Das war im Übrigen auch in Österbotten üblich, der nordfinnischen Küstenregion an der Ostsee.

Aranpullover sind weiße Fischerpullover mit Zopfmuster (Fischer haben immer und überall warme Pullover gebraucht). Diese Muster entstanden in Zentraleuropa und gelangten in den 1930er-Jahren auf die westlich vor der irländischen Küste gelegenen Araninseln. Diese Kleidungsstücke sind weiß und ungefärbt und daher tatsächlich wärmer. Ungefärbte Wolle hat nie in einem Farbbad gelegen und enthält deswegen mehr Fett.

Ein Aranpullover hat Raglanärmel und jeder Teil des Musters besitzt eine eigene Symbolik. Ein Zopf symbolisiert das Seil oder Tau, das den Fischer am Leben hält. Eine große Raute steht für das Fischerboot und das Perlmuster innerhalb der Raute für den großen Fang. Das Diagonalmuster stellt das Fischernetz vor.

Guernsey- und Aranpullover sind einfarbig, während beim Stricken mit mehreren Farben das OXO-Muster vorherrscht, eine Kombination von großen Kreisen und Kreuzen, mit der sich flottierende Fäden auf der Rückseite des Pullovers vermeiden ließen.

Das OXO-Muster entstand im 19. Jahrhundert auf den Shetlandinseln und es existieren über 160 aufgezeichnete Variationen. Zwischen jedes OXO-Muster wurden mit der Zeit immer kompliziertere Borten gestrickt, allerdings immer nur in zwei Farben.

In Norwegen gibt es die bereits erwähnte »lusekofte« und im finnischen Korsnäs den Korsnäspullover. Man kann auch ein Muster stricken, das Gotlandsrose heißt, oder einen Hallandpullover.

Hier muss auch der Lovikka-Handschuh erwähnt werden, den Erika Aittamaa (1866–1952) aus dem Dorf Lovikka strickte. Sie strickte auf Bestellung und nahm Wolle in Empfang, um daraus Handschuhe zu stricken.

Nachdem ein Kunde die Handschuhe zu hart fand, wusch Aittamaa diese und raute sie mit einer Handkarde auf. Damit es schicker und persönlicher wurde, stickte sie auf das Handgelenk ein buntes Muster.

Im Laufe der Zeit erfreuten sich verschiedene Kleidungsstücke großer Beliebtheit: der gestreifte Pullover, der ursprünglich von bretonischen Fischern getragen wurde und später Teil der Uniform der französischen Marine wurde. Der Eishockeytorwart Sleven aus Uppsala machte in den 1930er-Jahren ein Pullovermodell populär. Schrägmuster setzten sich Mitte der 1950er-Jahre durch. James Dean trug Mitte der 1960er-Jahre auf einem berühmten Porträt Patentmuster, das daraufhin in Mode kam. Marilyn Monroe ließ sich am Strand in einer Jacke ablichten, die später zu einem Must-have wurde, John Lennon machte einen Strickpulli populär und Lady Diana einen anderen.

Der Pippi-Pullover aus den Filmen hat blaue und weiße Treppenstufenstreifen und entstand bereits im 19. Jahrhundert auf Gotland. Coco Chanel setzte den gestreiften Matrosenpullover allgemein durch.

In den 1970er-Jahren wünschten sich alle einen Islandpullover in der Ausführung Arbeiterpullover. Die Muster waren im Versand erhältlich. Als ab 2007 die dänische Fernsehserie *Kommissarin Lund. Das Verbrechen* lief, setzten sich färöische Fischerpullover, wie ihn die Heldin trägt, durch.

Finnland hat natürlich eigene Trends. Ende des 18. Jahrhunderts gab es in Åbo viele Pulloverstrickerinnen. Sie verwendeten ungefärbte Wolle und färbten die Pullover anschließend rot oder grün.

Anfang des 20. Jahrhunderts stellte die Lehrerin Jenny Paulaharju gemeinsam mit ihrem Mann Samuli in Österbotten Studien zur Volkskunde an. In ihren Aufzeichnungen berichtet sie von einem Pullover, der »tikkupaita« hieß und von finnischen Männern im 19. Jahrhundert über dem Hemd, aber unter der Weste getragen und in die Hose gestopft wurde. Diese Pullover waren aus dünner grauer oder weißer Wolle, die hin und wieder auch gefärbt war.

Im alten Lochteå gab es ein Pullovermodell, das mithilfe vieler Stricknadeln entstand und an dem mehrere Frauen gleichzeitig arbeiten konnten.

Die frühesten Informationen über den Korsnäspullover datieren von etwa 1850. Wie so vieles andere entstand er aus der Lust am Schaffen und aus praktischen Erwägungen. Der Halsausschnitt ist hinten und vorne gleich, man kann es sich also aussuchen, welche Seite man vorne trägt – im Regelfall wohl die sauberere.

Dieser Korsnäspullover weist bunte Einzelmaschen auf sowie einen gehäkelten Teil mit geometrischem Muster oder Blumenmotiven. Der Vörå- und der Malaxpullover erinnern an diesen, aber sie haben eine andere Farbzusammenstellung und sind weniger kompliziert. Etliche Pullover wurden wegen Flecken oder Gewichtszunahme resolut aufgeschnitten und in Jacken verwandelt.

Weitere traditionelle finnische Kleidungsstücke sind mehrfarbige Handschuhe aus dem Kymmendalen, Pullover von der Karlö mit gehäkeltem Halsausschnitt und der Jussipullover aus den 1920er-Jahren.

Letzterer ist grau und hat ein rotes Rautenmuster auf der Brust. Über seine Entstehung werden zwei Geschichten erzählt: Entweder wurde er für einen Film oder für eine Fußballmannschaft geschaffen.

In *Pohjalaisia* (*Österbotten*), den Suomi-Filmi 1925 produzierte, trägt der Hauptdarsteller Jussi Harri einen solchen Pullover und machte ihn zu einem Symbol für die österbottnische Männlichkeit, für Sisu (die finnische Ausdauer) und für den finnischen Patriotismus. *Pohjalaisia* war der erste finnische Spielfilm überhaupt und der 1944 gestiftete Jussi-Preis ist nach seinem Hauptdarsteller benannt.

In der älteren Verfilmung von *Anne auf Green Gables* werden anliegende Strickjacken getragen. Die Pflegemutter Marilla hält oft eine Strickarbeit in den Händen, man darf also annehmen, dass sie Annes Pullover strickte. Auf diese Weise erhalten die gestrickten Kleidungsstücke ein eigenes Narrativ.

Natürlich wurden die Pullover von anonymen Frauen hinter den Kulissen gestrickt, aber für die Zuschauer entsteht der Eindruck, dass die herbe, wortkarge Marilla ihre Liebe zu Anne durch warme Kleidungsstücke zum Ausdruck bringt.

Alle diese Muster, Pullover, Baskenmützen, Handschuhe und Jacken sind irgendwann einmal von einer Frau geschaffen worden, die sich mit ein paar Wollknäueln hinsetzte und überlegte, was sie wohl als Nächstes herstellen sollte.

Eine Ewigkeit aus Tristesse

Ich beschließe, dass der blaue Pullover so einfach wie möglich werden soll. Ich werde ihn also glatt stricken und mit dem dunkelsten Blau beginnen, dem, das fast schon in Schwarz übergeht, und mich dann Nuance um Nuance bis zum Halsausschnitt hocharbeiten, der hellblau sein wird. Der Pullover wird von einem Unwetter in einen Sommertag übergehen. Ich fühle mich sehr poetisch und eifrig.

Es gibt zwei Arten von Strickerinnen, jene, die Maschenproben anfertigen, und die, die das nicht tun. Die Maschenprobe wird mit derselben Wolle und denselben Stricknadeln gestrickt wie das vorgesehene Kleidungsstück. Zu Beginn eines Strickmusters wird die Maschendichte angegeben, beispielsweise: »18 Maschen glatt gestrickt ergeben 10 Zentimeter.«

Das bedeutet, dass ich 18 Maschen anschlagen (oder auch mehr, um korrekter messen zu können) und ein Quadrat stricken muss. Wenn die Maschendichte stimmt, wird die Probe 10 Zentimeter breit, fällt sie jedoch größer aus, muss ich eine neue Probe mit dünneren Nadeln anfertigen. Damit muss ich fortfahren, bis die Maschenprobe die

Breite aufweist, die das Strickmuster fordert, damit das Kleidungsstück später die richtige Größe hat.

Selbst wenn es einem ausnahmsweise gelingt, genau die Wolle zu kaufen, die im Strickmuster angegeben ist, sollte man eine Maschenprobe stricken. Alle Strickerinnen stricken unterschiedlich, einige lose, andere fester, und das hat Einfluss auf die Größe der Kleidungsstücke.

Ich stricke lose, muss also immer Nadeln verwenden, die eine Größe kleiner sind, damit das Kleidungsstück auch sitzt und man nicht durch die Maschen hindurchsehen kann. Eine Strickprobe ist die geniale, kollektive Lösung für ein individuelles Problem, mit dem sich alle Strickerinnen auseinandersetzen müssen.

Ich fertige nie Strickproben an, weil mich diese Beschäftigung langweilt. Ich habe das Strickmuster im Kopf, besitze die notwendige Wolle und will meine Inspiration ergreifen wie Mary Poppins den Griff ihres Schirms.

So mache ich es auch mit meinen Büchern. Ich lege einfach los und hoffe, dass sich alle Probleme während des Schreibens in Wohlgefallen auflösen. Was immer der Fall ist, aber erst, nachdem ich mindestens die Hälfte gestrichen und umgeschrieben habe. Spätestens beim Redigieren verfluche ich, dass ich nicht nach einem Plan vorgegangen bin.

Da ich keine Maschenproben stricke, muss ich den Pullover stets ein paar Zentimeter über dem Bündchen aufribbeln, wenn sich abzeichnet, wie groß er wird (immer entweder zu groß oder zu klein). Mit anderen Worten: Ich stricke lieber einen Zehntelpullover als eine Maschenprobe, die aus ein paar Reihen besteht, und ich habe keine Ahnung, warum.

Die blaue Wolle ist dünn und ich nehme 3-Millimeter-Stricknadeln, schlage das Bündchen an und stricke dann ein paar Reihen. Die Maschen wirken recht luftig, aber ich denke, das liegt am Bündchen. Dann beginne ich, glatt zu stricken, und die Maschen sind so lose, dass der Pullover eher einem Fischernetz als einem Kleidungsstück gleicht, ein dichtes Fischernetz zwar, aber nichtsdestoweniger ein Fischernetz.

Ich will wirklich keine dünneren Stricknadeln als Größe 3 verwenden, denn einen Pullover mit Nadeln der Größe 2,5 zu stricken würde ewig dauern.

Allerdings sollte die Zeit beim Stricken kein Thema sein. Streng genommen spielt es keine Rolle, was ich stricke, wenn es mir nur darum geht, die Hände zu bewegen und das Gefühl zu haben, etwas zu produzieren. Ich könnte immer wieder dieselbe Wolle verwenden, einen Pullover fertigstellen, auftrennen, denselben Pullover mit derselben Wolle stricken und wieder auftrennen. Das wäre vor allen Dingen billiger.

Einen Pullover mit dünnen Nadeln zu stricken verlängert den Genuss, wo ist also das Problem?

Musterstricken erfordert Zeit und Geduld. Im Augenblick stricke ich eine Jacke mit einem komplizierten Muster, bei dem ich für jede Reihe 15 Minuten brauche. Diese Jacke besteht aus 660 Reihen, das ergibt 9900 Minuten, diese Jacke ist also in 165 Stunden fertig, in einer Woche, wenn ich ununterbrochen stricke.

Das sind natürlich besorgniserregende Zahlen, aber wer Musterstricken liebt, hat 165 erfüllte Stunden vor sich. Ich stricke schließlich nicht, weil mir kalt ist und weil ich unbedingt eine Jacke brauche, ich stricke, weil es mir Spaß macht, und dann sind 165 Stunden eine Verheißung.

Ich ribbele das Fischernetz auf, greife zu den dünnsten Stricknadeln, die ich besitze, und suche nach einem passenden Strickmuster, um eine Vorstellung davon zu gewinnen, wie viele Maschen nötig sein könnten. Es fällt mir nicht leicht, moderne Strickmuster für so dünne Stricknadeln zu finden. Vermutlich entspricht die Dicke der Stricknadeln dem Stress, den potenzielle Strickerinnen empfinden.

Mein Strickmuster empfiehlt 220 Maschen für Größe M und 240 für L. Ich habe normalerweise Medium, aber da ich dünnere Stricknadeln verwende, entscheide ich mich für L und denke, dass es sich so ausgleichen wird.

Ich habe mal von einem Mann gelesen, der eine Kirche anstreichen sollte. Er könne sich nicht die Kirche als Ganzes vorstellen, sondern teile sie in Sektionen ein und erledige die Arbeit Abschnitt für Abschnitt.

Das erinnert an die Lösung der Scherzfrage: Wie isst man einen Elefanten: einen Bissen nach dem anderen.

Mit ähnlichen Gedanken schlage ich 240 Maschen auf einer Stricknadel Größe 2,5 an. So winzig, so klein und kaum vorhanden. Aber wie anders kann ich mich des Bündchens annehmen als Masche für Masche?

Strickmustersammeln

Die Lehrerin Terese Torgim war Ende der 1940er-Jahre auf einen Rollstuhl angewiesen. Im Laufe ihres langen Berufslebens hatte sie im Auftrag des Schulinspektors die Handschuhstrickmuster aus Nordschweden gesammelt.

Die Muster brachte sie ihren Schülerinnen mit und im Handarbeitsunterricht bei: damit sie ihr kulturelles Erbe kennenlernten.

Aber inzwischen war sie pensioniert und, wie gesagt, in ihrer Beweglichkeit eingeschränkt. Das hielt sie nicht davon ab, sich 1947 sehr für die Renovierung der Kirche von Jukkasjärvi aus dem 17. Jahrhundert und die für die unter den Bodenplatten befindlichen Gräber zu interessieren. Bei deren Öffnung kamen Textilfragmente zum Vorschein. Sie erkundigte sich, ob man die Toten aus den Gräbern heben könne.

Nein, das sei unmöglich, sie seien zu fragil. Auch die Kleidung dürfe nicht berührt werden, da sie zu Staub zerfallen könne.

Terese Torgrim sah keine andere Lösung, als sich mitsamt Rollstuhl in die Grube abseilen zu lassen, um die Fragmente der Strickwaren näher in Augenschein zu nehmen. Viele Muster aus dem 17. Jahrhundert besaßen große Ähnlichkeiten mit denen, die sie bei ihren früheren Exkursionen in die Dörfer der Sami gesehen hatte.

Dank ihres beherzten Einsatzes wissen wir, dass einige der Handschuhmuster seit 400 Jahren existieren. Da man Muster nicht auf Papier aufzeichnete, wurden sie durch Anwendung bewahrt, sie wurden von Strickerin zu Strickerin weitergegeben.

Terese Torgrim wusste aus Erfahrung, wie schwierig sich das Sammeln von Strickmustern gestalten kann. Deswegen ist es nicht weiter verwunderlich, dass sie die Gelegenheit ergriff, sich in ein Grab abseilen zu lassen, da Gräber oft die interessantesten Funde zu bieten haben.

In einem Moor auf der nördlichen Hauptinsel der Shetlandinseln stieß man 1951 auf eine Leiche aus dem 17. Jahrhundert. Die Kleidung des Toten, den man nach seinem Fundort Gunnister Man taufte, war sehr gut erhalten, und deswegen konnten Strickerinnen seinen Strumpf dazu verwenden, ähnliche Muster zu entwickeln.

Anfang der 1960er-Jahre wurden in der Kirche von Jomala auf Åland Grabungen durchgeführt. In einem der Särge unter dem Kirchenboden lag das Skelett einer Frau mit braunem lockigem Haar. Sie trug eine rote gemusterte Mütze und neben ihr lag eine schwedische Münze aus dem Jahr 1745.

Die Mütze war mit dünnen, vielleicht 2 Millimeter dicken Stricknadeln gestrickt worden und das Muster zeigt Vögel, Kronen und Herzen.

Nicht nur Gräber, sondern auch Kunstwerke bieten Hinweise zur Geschichte des Strickens. Ein schottisches

Gemälde aus dem 18. Jahrhundert zeigt einen strickenden Jungen. Zu dieser Zeit strickten hauptsächlich die Männer in den Städten, aber dank dieses Gemäldes wissen wir, dass auch in Dörfern gestrickt wurde.

Kleidung wurde gestrickt, um verwendet zu werden. Man konnte es sich nicht leisten, Pullover und Handschuhe einfach aufzuheben. Man ging mit ihr fischen, Brennholz und Wasser holen und den Kuhstall ausmisten. War ein Kind aus seinem Pullover herausgewachsen, wurde er weitervererbt, bis er zerfiel.

Mit abgetragenen Strickwaren wurden Häuser isoliert und die Unterseiten von Teppichen verstärkt. Nichts wurde weggeworfen, alles wiederverwendet. Pullover wurden aufgeribbelt, die Wolle nochmals verwendet (wie bei meiner Großmutter). Gegen Wiederverwertung ist nichts einzuwenden, aber diese führte natürlich dazu, dass wertvolle Muster verloren gingen.

Trotz beeindruckender Leistungen mussten die Sammlerinnen von Strickmustern ein besonderes Hindernis überwinden. Dessen war sich die Lehrerin Hermanna Stengård, die Ende des 19. Jahrhunderts auf Gotland unterwegs war, um den großen Musterschatz dieser Insel zu bewahren, sehr bewusst.

Sie musste viel Überredungskunst aufbringen, damit ihr die Strickerinnen ihre mottenzerfressenen, abgetragenen und kaputten Sachen, derer sie sich schämten, zeigten. Schließlich umfasste ihre Sammlung hundert Strickmuster, die nun im Museum Gotlands Fornsal in Visby aufbewahrt werden. Sie sind in dem Buch *Gotländsk sticksöm* (*Gotländisches Stricken*) publiziert.

Im Hinblick darauf sind die vielfach gestopften Strümpfe im Västerbottens Museum einzigartig. Wer schenkt schon seine abgetragenen und durchgeschwitzten Strümpfe einem Museum?

Die Zurückhaltung, mit der die Alltagskleider den feinen Städterinnen vorgeführt wurden, resultierte in einem der im Ausland und in Schweden bekanntesten und berühmtesten Strickmusterschätze.

In den 1930er-Jahren beschloss eine Delegation aus Göteborg, Muster in Bohuslän zu sammeln, aber es gelang ihr nicht, Kleider oder Muster aufzuspüren. Man ging also davon aus, dass in dieser Region keine aktive Mustertradition existiere. Resolut wie alle Strickerinnen gründeten die Göteborgerinnen die Vereinigung Bohus stickning. Diese entwickelte ganz neue Muster wie »Blå skimmer« (Blauer Schimmer) und »Vildäpple« (Wildapfel) und stellte Strickerinnen an, die zu Hause arbeiteten.

Natürlich verfügte die Region über eine Vielfalt eigener Muster, die von Generation zu Generation weitervererbt worden waren, aber auch hier hatte es den Strickerinnen widerstrebt, den Göteborgerinnen ihre mottenzerfressenen Sachen vorzuführen.

Im finnischen Winterkrieg begegnete eine ehemalige Handarbeitslehrerin in einem Zug aus Vasa einer Mutter mit einem Baby. Die Schienen waren von Bomben getroffen worden und die Reise zog sich daher in die Länge. »Hat das Kind denn keine Söckchen?«, fragte die Lehrerin. Und nein, das Kind besaß keine Socken. Resolut ribbelte die Lehrerin ihre eigene Jacke auf und strickte aus der Wolle rasch ein Paar Söckchen für das Kind. Das Muster dieser »Zugsocken« wurde von Frau zu Frau, Großmutter zu Großmutter weitergereicht und dieses Modell ist auch heute noch sehr beliebt.

Stricken ist ein lebendiges Handwerk. Ein Beweis dafür ist, dass es Strickerinnen gibt, die gezielt nach Strickmustern suchen und neue Muster nach alten Vorbildern entwickeln und diese verbreiten. Eine von ihnen ist die Redakteurin und Kunsthandwerkerin Celia B. Dackenberg, die mehrere Bücher mit ganz neuen Strickmustern veröffentlicht hat, die oftmals von Kinderbüchern, Kunstwerken und Fotos von Kulturpersönlichkeiten inspiriert sind. Dank Dackenbergs Einsatz können wir heute sowohl die Strickjacke der Lyrikerin Edith Södergran sowie die Baskenmütze mit Quaste des Schriftstellers August Strindberg stricken.

Maja Karlsson, Designchefin von Järbo Garn und ebenfalls Autorin mehrerer Bücher, hat jahrelang Zeitungsausschnitte mit Strickmustern gesammelt und auf diese Weise einen Schatz zusammengetragen, der sonst auf Flohmärkten und bei Entrümpelungen verloren gegangen wäre.

Etwa um das Jahr 2000 initiierte die Norwegerin Liv Sandvik Jakobsen »Den store koftejakten« (Die große Strickjackenjagd) und bewegte ihre Landsleute dazu, Jacken und Muster herauszusuchen. Anschließend verfasste sie drei Bücher, in denen sie die Jacken nachstrickte und die traditionellen Muster auf neue Modelle übertrug.

Die estnische Strickmeisterin Kristi Joeste vertiefte sich in die Strickmusterschätze verschiedener Museen und gibt heute Unterricht in Stricktechnik. Viele estnische Handschuhstricktechniken sind kompliziert und müssen aktiv gepflegt werden, um dieses Wissen zu bewahren.

Die Welt des Strickens hat ihre eigene Instagram- und Podcastprominenz. Auf der Website Ravelry treffen sich StrickerInnen aus aller Welt. Fragen werden gestellt und Projekte und Strickmuster geteilt.

Niemand muss sich mehr in seinem Rollstuhl in ein Grab abseilen lassen. Strickmuster werden auf alle erdenklichen Arten geteilt und in Fortsetzungen publiziert. Auf Zoom werden Knit-along-Meetings zum Mitstricken veranstaltet.

Auf den ersten Blick wirkt Stricken wie eine introvertierte Tätigkeit, aber die weite Verbreitung von Strickmustern und Nähkränzchen sprechen für das Gegenteil. Man strickt nicht, weil man allein sein will, sondern um die Einsamkeit zu vertreiben.

Das Schönste

Im Januar 2015 wurde meine Freundin Kika 37 Jahre alt. Ein Jahr zuvor war ihr Sohn nach langer Krankheit an Krebs gestorben. Sehr lange hatte sie ihren Geburtstag nicht feiern können oder wollen.

Dann wurde sie also 37, streng genommen kein runder Geburtstag, den man groß hätte feiern müssen, aber 37 sei schließlich eine Primzahl, meinte Kika und beschloss, ein Primfest zu veranstalten. Sie hatte so viel durchgemacht. Jetzt wollte sie das Leben und ihre FreundInnen feiern, das Leben und die FreundInnen, die ihr noch geblieben waren. Auch in düsteren Zeiten gibt es etwas, worüber man sich freuen kann. So oder ähnlich wird sie gedacht haben.

Nicht alle Gäste kannten sich und von denen, die sich kannten, hatten viele sich schon lange nicht mehr gesehen. Wir kannten uns vom Studium, aus der Kirchengemeinde, aus Theatergruppen und von Arbeitsplätzen.

Ganz besonders erinnere ich mich daran, dass wir, ihre vielen FreundInnen, um Kika einen Kreis bildeten und ihr das Geburtstagsständchen darboten, während sie die Torte mit den brennenden Kerzen in den Händen hielt. Wir wünschten ihr von Herzen alles Gute, denn wir mochten sie so sehr, und wir ließen sie hochleben.

Sie wünschte sich natürlich kein Geschenk, nur unsere Gegenwart, weil manchmal die Liebe zu einem Menschen so groß ist, dass man ihr physisch Ausdruck verleihen will.

Zum Fest nahm ich einen Koffer Restwolle mit. Ich schlug dreißig Maschen an, eine plausible Zahl für einen Schal, und alle Gäste wurden aufgefordert, mindestens eine Reihe zu stricken. Die Wolle, auch die Farbe, durfte frei gewählt werden. Am Ende des Festes wollten wir Kika diesen Schal überreichen.

Auch die widerstrebendsten Strickerinnen auf der Party beteiligten sich und strickten jede eine Reihe oder zwei. Einige Freundinnen strickten sehr schnell jeweils einige Zentimeter und der Schal wurde fertig. Wir überreichten Kika den ersten und einzigen Freundschaftsschal, der je gestrickt worden war.

Anderthalb Jahre später starb auch Kika an einem Aneurysma im Kopf. Wir, die wir ihr Primzahlfest gefeiert hatten, sahen uns also auf ihrem Begräbnis wieder.

Ich bin so froh, dass wir ihr diesen Schal gestrickt haben, dass wir sie, solange wir sie bei uns hatten, in so viel Wärme packten, wie wir nur aufbringen konnten. Liebe ist nur selten in Gegenständen manifestierbar, weil diese entweder banal oder übertrieben ausfallen. Aber etwas Gestricktes passt immer.

Deswegen ist ein rot-weiß gestreifter Schal auch das schönste Kleidungsstück, das ich besitze. Mein Sohn hat diesen Schal mit 11 für mich gestrickt und ihn mir zum

Muttertag geschenkt. Er ist weich und warm und asymmetrisch. Ich weiß, wie viel Zeit ihn dieser Schal gekostet hat. Er musste mit jeder Masche kämpfen und ich bin so froh, dass ich ihn bekommen habe.

Dieser Schal sagt auch noch etwas anderes. Ich behaupte zwar immer wieder, dass Stricken ganz einfach ist, aber dieser Schal, die ersten unbeholfenen Maschen meines Sohnes, beweisen das Gegenteil.

Von einer Handarbeitslehrerin wird erzählt, dass sie ins Klassenzimmer kam und die SchülerInnen, denen sie das Stricken beibringen sollte, fragte, ob sie bis zwei zählen könnten. Diese verdrehten die Augen. Natürlich konnten sie das! »Dann wollen wir mal sehen«, meinte die Lehrerin grimmig. Und als die Stunde vorüber war, konnten die SchülerInnen feststellen, dass niemand von ihnen diese Rechenkunst beherrschte.

Denn jede zweite Masche rechts, jede zweite links ist gar nicht so einfach hinzubekommen. Eine routinierte Strickerin sieht den Unterschied sofort, aber für eine Anfängerin ist alles ein großes Durcheinander.

Während mein Mann und ich auf der Entbindungsstation auf die Einleitung der Geburt unseres ersten Kindes (das mir später den Schal stricken würde) warteten, strickte ich eine Mütze, um sie dem Neugeborenen aufsetzen zu können. Mein Mann, der seit der fünften Klasse nicht mehr gestrickt hatte, beschloss, eine Giraffe zu stricken. Ich hatte gelbes Baumwollgarn mitgenommen, damit er sechs längliche Stücke für Körper, Beine und Hals stricken und anschließend zusammennähen konnte. Das hätte nicht allzu schwer sein dürfen.

Tja, aus der Giraffe wurde eine gelbe Wurst. Er zog die Enden zusammen und legte die Wurst neben seinen Neugeborenen.

Eva war lange krank gewesen und wusste, dass sie sterben würde. Sie bat darum, in gestrickten Wollsocken begraben zu werden. Daran muss ich oft denken. Man ist nicht so einsam, wenn man ein Paar selbst gestrickter Socken an den Füßen trägt.

Wenn das Schlimmste eintreffen und einer meiner Nächsten sterben sollte, würde ich die ersten leeren Nächte vor der Beerdigung vielleicht damit überstehen, ein Kleidungsstück zu stricken, das der Tote im Sarg tragen kann. Aber vielleicht wäre ich ja gelähmt vor Trauer, vielleicht würde mir die Welt nie wieder Wärme spenden können. Aber gerade jetzt erscheint mir dieser Gedanke tröstlich, und an solchen muss man festhalten, und Tätigkeiten, die einem durch die Trauer helfen, soll man ausführen.

Im Lauf der Jahrhunderte haben viele Strickerinnen so gedacht wie ich. Warum wären sonst so viele wollene Kleidungsstücke in Gräbern gefunden worden? In Gräbern liegen Fragmente komplizierter Muster, was zeigt, dass die Frauen strickten, um die Toten zu wärmen, aber auch, um sich selbst an etwas festhalten zu können, und zwar an den Stricknadeln. Nicht nur der Gedanke an ein letztes Geschenk tröstet, sondern auch die Hoffnung, dass ich vielleicht, vielleicht, wenn ich ein richtig schweres Muster stricke, die leere Welt, die mich umgibt, vergessen kann.

Als der Polarforscher Salomon August Andrée zu guter Letzt einsah, dass seine Luftballonexpedition an den Nordpol gescheitert war und er und seine beiden Gefährten auf dem Eis umkommen würden, wickelte er seine Tagebücher in seinen Wollpullover. Der Wollpullover und Heu aus seinen Stiefeln schützten diese Tagebücher über 30 Jahre lang, bis sie gefunden wurden.

In Gunnar Ekelöfs Gedicht »Gefangen zwischen zwei Wolken« steht die Zeile »zwei ewige und eine rechte«. Die linken Maschen müssten eigentlich die ewigen heißen. Denn die einzig denkbare Einstellung zu gestrickten Kleidungsstücken ist folgende: Es wird sie immer geben.

Farben

Glatt rechts und immer im Kreis stricken ist langweilig. Eine endlose Tristesse wirkt wenig attraktiv. Außerdem fällt mir, nachdem ich einen breiten Streifen Gewitterblau gestrickt habe und mit einem etwas helleren Farbton weitergearbeitet habe, auf, dass der Übergang nicht zu erkennen ist. Die Farben gehen ineinander über, weil sich die Nuancen so ähneln.

Meine Mutter hat mir einmal erzählt, dass sie mit 15 Jahren Wolle für ein Paar Handschuhe kaufen wollte. An der Kasse sagte die Ladenbesitzerin: »Diese Farben kannst du nicht nehmen, die passen nicht zueinander. Das geht so nicht.«

Ein Großteil der Freude vor einem neuen Strickprojekt besteht aus der Wahl der Farben, was aber auch sehr schwierig ist. Eine fallen gelassene Masche lässt sich aufheben, aber Farben, die sich beißen, lassen sich nicht wegzaubern. Andererseits: Welche Farben beißen sich? Gibt es überhaupt wie für die Besitzerin des Wollgeschäfts vor 50 Jahren Farbregeln, die verbindlich sind?

Es ist von Primärfarben, Sekundärfarben, Tertiärfarben, Farbschemata, Farbkreisen und kalten und warmen Farben die Rede. Selbst wenn man den Empfehlungen folgt, kann sehr viel schiefgehen.

Früher, etwa zu dem Zeitpunkt, als meine Mutter Stricken lernte, mussten die Schülerinnen ihrer Lehrerin ihre gestrickten Kleidungsstücke zeigen. Sah die Rückseite nicht ebenso schön und gleichmäßig wie die Vorderseite aus, mussten die Schülerinnen alles wieder aufribbeln.

Die Freude am Stricken kann auf viele Arten verdorben werden. Es gibt viele Zwänge und unausgesprochene Regeln. Die Farben müssen zueinanderpassen und die Fäden auf der Rückseite dürfen sich nicht verheddern. In einem Strickbuch von 1963 liest man beispielsweise Folgendes: »Man tut klug daran, die Anleitung in Bezug auf Farbe, Muster und Wollqualität so weit wie möglich zu befolgen.« Das heißt: Tu, was wir sagen, denn jede eigene Initiative verdirbt das Ergebnis.

Als Gegenbewegung entstand in den 1970er-Jahren in Dänemark Hønsestrik, das Hühnerstricken, nach einem Strickbuch von Kirsten Hofstätter, das im Verlag Røde Høns (Rote Hühner) erschien. Hofstätter lehnte sich gegen alle Zwänge auf, plötzlich war alles erlaubt und man durfte alle Farben und Muster kombinieren.

Und trotzdem, wenn ich meine blauen Knäuel vor mir sehe, dann wünsche ich mir bessere Kenntnisse der Farbenlehre. Dann hätte ich vielleicht nicht so weit gestrickt, um dann alles wieder aufribbeln zu müssen. Jetzt liegen also wieder zehn blaue Wollknäuel vor mir.

Zöpfe stehen schon lange auf der Liste der Künste, die ich gerne besser beherrschen würde. Ich suche nach dem Strickmuster eines Fischerpullovers und rechne es auf meine Größe und passende Stricknadeln um. Die Farben sind immer noch dieselben, es geht von Dunkel zu Hell, aber jetzt soll die Farbänderung in den Zöpfen erfolgen.

Es ist eine ziemliche Bastelei und ich benötige 16 Maschenmarkierer. Dann zeigt es sich, dass die Wolle zu dünn ist, und bei so dünnen Stricknadeln sind die Zöpfe gar nicht zu sehen.

Ich ribbele alles wieder auf, dieses Mal war ich allerdings nicht sonderlich weit gekommen, aber die Zöpfe, die mir tatsächlich recht gut gelungen sind, waren höllisch schwer und es schmerzt regelrecht, dabei zuzusehen, wie sie sich auflösen.

Aufribbeln, was ich gestrickt habe, ist wie eine Reise in die Vergangenheit. Die Stunden, die ich damit verbracht habe, einen Pullover zu stricken, lösen sich in nichts auf. Eine Masche nach der anderen hört auf zu existieren, ein vorher greifbarer Gegenstand ist plötzlich nicht mehr da. Man könnte das auch als Antistricken bezeichnen, aber ich kann für diesen Vorgang kein passendes Wort finden. Was einmal war, existiert nicht mehr, und wie will man etwas, was nicht mehr existiert, benennen?

Wenn ein Pullover schlecht sitzt, zu groß oder zu klein ist und vermutlich nie verwendet wird, ist es besser, ihn ganz zu eliminieren, statt ihn einfach nur ganz hinten im Kleiderschrank verrotten zu lassen. Sein Anblick ärgert mich, vor allem ist er ein Beweis meines Versagens. Wenn ich ihn aufribbele, dann kann ich ihn vergessen und die Wolle wiederverwenden. Ich kann dasselbe Kleidungsstück noch einmal stricken, dann aber in der richtigen Größe.

Zurück zur blauen Wolle, die jetzt wieder unverarbeitet ist. Am liebsten stricke ich ohne Strickmuster, das heißt, dass ich mir selbst Größe und Modell einfallen lasse und mir diverse Vorlagen zusammensuche, um Punkte (wie bei den Norwegerpullovern), Sterne und Streifen zu stricken. Ich will die blaue Wolle für einen Pullover mit besonders vielen Mustern verwenden.

Die Grundfarbe soll jedoch nicht mehr Blau sein, also brauche ich mehr Wolle. Also wieder in die åländische Provinz, und zwar dieses Mal, um graue Wolle zu kaufen. Ich fahre zu Marskogens Lamm. Dort gibt es Wolle von den eigenen Schafen.

Das Stricken ist tot. Es lebe das Stricken!

Folgende Sätze aus Strickbüchern sind interessant:

»Die 1920er-Jahre stellten einen Höhepunkt des Strickens dar.« Oder: »In den 1920er- und 1930er-Jahren wurde sehr viel gestrickt.«

Man bedenke, dass Frauen in den 1940er-Jahren für die Soldaten im Krieg strickten, in Schweden ist von »beredskapsstickning« (Bereitschaftsstricken) die Rede, ein Trend, der sich in den folgenden Jahrzehnten fortsetzte, vor allen Dingen dank einfacher Strickmuster, die sich auch für weniger routinierte Strickerinnen eigneten.

Im Strickmusterbuch von Svensk hemslöjd (dem schwedischen Handarbeitsverbands), *Stickad – med tradition (Gestrickt – mit Tradition)*, von 1963 steht: »Stricken steht gerade sehr hoch im Kurs.«

In den 1970er-Jahren wurde wie eben schon erwähnt revolutionär gestrickt: In Dänemark kam Hønsestrik auf. Auf dem Land leben und seine Kleider selbst zu stricken war angesagt.

In *Gotländsk sticksöm (Gotländisches Stricken)* von 1983 heißt es: »Das Interesse am Stricken ist größer denn je zuvor.« Und Maja Karlsson beschreibt in einer Glosse in *Stickat & Sånt* (*Gestricktes & Ähnliches*), wie sie in einem Paket Cornflakes aus den späten 1980er-Jahren ein Strickmuster entdeckte.

In den 1990er-Jahren reiste der Kunststricker Kaffe Fassett durch die Welt und hielt Kurse in seiner revolutionären Strickmethode ab und in Finnland kamen Sirkka-Liisa Könönens Pullover mit Landschaftsstrickerei in Mode.

»Stricken war vergessen, aber erfreut sich jetzt auf einmal wieder großer Beliebtheit«, schreibt Lise-Lotte Lystrup 2008 in *Klassisk stickning (Klassisches Stricken).* In den letzten Jahren ist das Strickinteresse förmlich explodiert und seit 2019 existiert in Finnland etwas, das sich Hardrockstricken nennt.

Kann man vielleicht behaupten, dass jede Eintagsfliege, die das Stricken betrifft, in jedem neuen Jahrzehnt zum Trend ausgerufen wird? Oder sollte man nicht vielleicht lieber von einer Aktivität sprechen, die ständig ausgeübt wird?

Stricken ist eine unaufgeregte Tätigkeit. Den Rohstoff, die Wolle, erhält man von den Schafen und das Werkzeug kann man mühelos überallhin mitnehmen. Einen Webstuhl schleppt man nicht einfach für einen Abend zur Nachbarin mit, das Spinnrad ebenfalls nicht oder in modernerer Zeit die Nähmaschine.

Die Frauen, die im 19. Jahrhundert nach Amerika auswanderten, strickten, das Werkzeug war einfach und billig und beanspruchte im Gepäck kaum Platz. Im Willamette

Valley dienten Socken sogar als eine Art Zahlungsmittel, weil hier Männer ohne strickende Ehefrauen lebten.

Missionare brachten webenden Cowichan-Frauen auf Vancouver Island das Stricken bei und diese wurden so finanziell unabhängig. Die Strickgenossenschaft Oomingmak in Alaska hält Moschusochsen zur Wollproduktion, eine erhebliche Einnahmequelle für die Inuit.

Ein beeindruckendes Beispiel findet sich auf Fair Isle. Hier wurde das Stricken nie industrialisiert, bis heute kontrollieren die Frauen die Produktion und den Ertrag.

In Schweden konnte sich das Stricken mithilfe der Hausierer im Land ausbreiten. Sie verkauften Stricknadeln und vermittelten, um den Absatz zu steigern, auch die Technik. Wolle gab es ohnehin auf allen Bauernhöfen.

Im 18. Jahrhundert setzte sich in Schweden das Stricken für den Hausgebrauch durch, es wurden aber nicht nur Socken und Pullover für die Leute vom eigenen Hof gestrickt. Mit Stricken ließ sich Geld verdienen und Männer, Frauen und Kinder strickten.

Besonders fähige Strickerinnen begaben sich im Winter auf Wanderschaft, um als Lohnstrickerinnen auf großen Bauernhöfen zu arbeiten. Die Handarbeit bot ihnen die Gelegenheit, sich im Land umzusehen und aus ihrem Heimatdorf herauszukommen.

Lehrerinnen auf dem Weg zur Schule, Mägde auf dem Weg zum Melken, Fischerfrauen in Booten und Bauersfrauen, die sich die Zügel umgehängt hatten, alle strickten, und von allen wurde das auch erwartet.

Hermanna Stengård schimpft im Jahr 1925 in ihrem Buch *Gotländsk sticksöm (Gotländisches Stricken)* Frauen aus, die die Handarbeit und damit ihre Familie vernachlässigen: »Denn in einem Haus, in dem der Webstuhl nicht klappert, das Spinnrad nicht surrt, die Karden nicht ritsch, ratsch sagen und die Stricknadeln nicht klickern, in dem die Leute einfach nur hin und her gehen, da fühlt sich der Hauswichtel nicht wohl.« Die Handarbeit wird zum Joch und zur unfreiwilligen Beschäftigung. Andererseits: Die Me-time ist ohnehin eine moderne Erfindung. Es wäre früher undenkbar gewesen, der Zeit für sich Vorrang einzuräumen, wenn die eigenen Kinder frieren, nein, da musste man dann schön brav zu den Stricknadeln greifen.

Noch in den 1980er-Jahren gehörte das Sockenstricken bei Mädchen zur Allgemeinbildung und Socken waren mit das Erste, was ich strickte. In der fünften Klasse hielt ich zum ersten Mal Strumpfstricknadeln in den Händen, die mir nicht gehorchen wollten. Sockenstricken ist schwer: Man muss fünf Stricknadeln koordinieren, Bündchen und eine Ferse stricken und ab- und zunehmen. Außerdem sollen zwei identische Exemplare hergestellt werden, und dabei geht es nicht nur um eventuelle Streifen, sondern auch um die Größe.

Wenn man stricken lernt, strickt man mal zu locker, mal zu fest, eine gleichmäßige Strickweise erfordert Erfahrung. Die eine Socke war daher zwei Größen zu groß, die andere eine Größe zu klein, im Großen und Ganzen also ein recht anstrengendes Erlebnis.

Die Geschichte ist reich an Frauen, die mit ihrem Stricken ihre Familien gewärmt und sich etwas dazuverdient haben. Sie ist aber auch reich an Frauen, beispielsweise Handarbeitslehrerinnen, die behauptet haben, dass es nur eine Art zu stricken gibt und dass deswegen alles andere aufgeribbelt werden muss, ganz zu schweigen von allen Frauen, die alle Arten von Handarbeiten hassten und trotzdem gezwungen waren, sie auszuführen.

Erst in der Nachkriegszeit, in den 1960er-Jahren, als die Kleider von der Stange kamen und sich Kunstfasern durchsetzten, entwickelte sich das Stricken zu einer freiwilligen Tätigkeit.

In einem Strickmusterbuch von Svensk Hemslöjd aus dem Jahr 1963 steht recht barsch formuliert: »Die Verwendung anderer Farben ergibt ein schlechteres Resultat.« Was heißen sollte: Befolge die Anweisungen, nur dann kann es dir gelingen. Zwei Jahrzehnte später steht in Eva Maria Leszners *Handschuhe, Mützen und Schals farbig gestrickt* dass Beispiele inspirieren, nicht sklavisch befolgt werden sollten.

Während dieser zwei Jahrzehnte, die damit begannen, die eigene Kreativität zu verbieten, und damit endeten, dazu zu ermuntern, hatte sich die Einstellung zum Stricken verändert. Vermutlich ist dies auch der Grund dafür, dass das Stricken überhaupt überlebt hat.

Heute ist Stricken keine Notwendigkeit mehr. Es ist ein recht kostspieliges Hobby und solange man nur etwas Warmes und Hübsches zum Anziehen braucht, ist es teurer, selbst einen Pullover zu stricken, als einen zu kaufen. Was also ist in diesen beiden Jahrzehnten geschehen?

Obwohl beispielsweise die chilenischen »Hombres Tejedores«, die strickenden Männer, öffentlich stricken und so das Bild der Männlichkeit auflockern und im England des 17. Jahrhunderts nur Männer in die Strickergilden aufgenommen wurden, ist das Stricken primär eine Beschäftigung von Frauen.

Frauen haben die Kunst des Strickens weiterentwickelt, Strickmuster gesammelt und entworfen, andere Frauen im Stricken unterrichtet und ihre Familien mit ihren Strickerzeugnissen versorgt. Trotzdem war die feministische Bewegung in den 1960er-Jahren nahe daran, das Handwerk und Wissen über Bord zu werfen, da man Handarbeit zu Vergeudung weiblicher Energie erklärte.

In den Augen der feministischen Revolution der 1960er-Jahre war Stricken unbezahlte Frauenarbeit, die die Hausfrauenrolle zementierte. Warum sollten sich die Frauen mit Strickarbeiten beschäftigen, während Männer die Welt veränderten?

Dank der dänischen Hønsestrik-Bewegung wurde das Stricken in den 1970er-Jahren Teil des Feminismus. Die Strickerin Kirsten Hofstätter, ihre Gründerin, war im politischen Frauenkampf aktiv. Sie wollte im Verlag Røde Hane (Roter Hahn) ein Buch über politisches Stricken veröffentlichen. Dieser konnte ihrer Idee aber nichts abgewinnen.

Daraufhin gründete Kirsten Hofstätter einen eigenen Verlag, der die weibliche Entsprechung des Hahns im Namen führte: Røde Høns (Rote Hühner), den sie später in Hønsetryk (Hühnerdruck) änderte.

Hønsestrik, das Hühnerstricken, inspirierte eine ganze Generation von Strickerinnen. Typisch für Hønsestrik sind bunte Borten mit figurativen Motiven, Tintenfische, Pinguine, Einhörner und High Heels vermischt mit Botschaften: das feministische Symbol der geballten Faust, das Friedenssymbol sowie traditionelle Muster verschiedener Kulturen.

Hofstätter betrachtet ihre Methode des Strickens sowohl als Stellungnahme gegen die Konsumgesellschaft als auch als Befreiung von den Zwängen der Handarbeit.

Frauen und Männer sollten stricken, wann und wozu sie Lust hatten. Auf alle Regeln pfeifen zu können stellte eine große Freiheit dar. Jetzt durfte mitten in einer Reihe mit einer neuen Farbe begonnen werden, ohne dass jemand die Nase gerümpft hätte.

Und alles wurde bunt! Grau für Wollstrümpfe war nicht mehr die einzige Alternative und farbenfrohe Pullover mit komplizierten Mustern sind immer lustiger als einfarbige.

Hønsestrik kennt keine Regeln, nur die, die man selbst festlegt. Was zunächst wie ein Fehler wirkt, kann ein neues Muster werden. Nichts braucht oder soll sich ähneln, was mit Hønsestrik geschaffen wird, soll nicht massenhaft produziert oder wiederholt werden. Jedes Kleidungsstück soll einzigartig sein, aus der Wolle entstehen, die ohnehin zu Hause herumliegt, und dem subjektiven Gefühl Ausdruck geben.

Eigene Kleider herzustellen war ein Akt des Widerstands gegen das Allermännlichste, den Kapitalismus. Die Strickerinnen entschieden selbst, was sie anzogen, und eroberten so den eigenen weiblichen Körper zurück.

Ich stieß erst recht spät in meiner Strickentwicklung auf Hønsestrik, aber ich empfand die Denkweise als explosiv!

Alles ist möglich, alles ist erlaubt, alles ist verfügbar.

Dieser Eifer und diese Freude retteten das Stricken als Handarbeit und führten zur heutigen Einstellung, dass Stricken eine freiwillige Beschäftigung ist. Selbstgestricktes ist Luxus und eine beeindruckende Leistung.

Hønsestrik ist recht kompliziert. Man muss viele Farben auseinanderhalten, die Muster sind aufwendig und das Garn ist dünn. Wer Hønsestrik nicht beherrschte, für den bot sich eine andere Möglichkeit, als in den 1980er-Jahren Mohairpullover in Mode kamen. Sie lassen sich sehr schnell stricken, und da diese Wolle aus langen, glänzenden und flauschigen Fasern besteht, sieht man fallen gelassene Maschen nicht, und es spielt auch keine Rolle, wenn ein Ärmel weiter als der andere ausfällt.

In den 1990er-Jahren setzte sich das Kunststricken durch. Retrospektive war angesagt. Wie war früher gestrickt worden, welche Strickmuster gab es und wie konnte man die Techniken weiterentwickeln, mit denen die ältesten Kleidungsstücke gestrickt waren. Stricken war in dieser Zeit nichts für alle, aber einige Trends erreichten das Bewusstsein der großen Öffentlichkeit.

Einen solchen Trend schuf beispielsweise der englische Strickkünstler Kaffe Fassett. Streifen und traditionelle Muster interessierten ihn nicht, stattdessen ließ er sich von der Natur inspirieren und Muster entstanden, während er strickte oder, könnte man fast sagen, mit Wolle malte. Ein Fassett-Pullover kann über 200 Farben enthalten und er erfand eine neue Methode, die Fäden während des Strickens zu fixieren.

Wie bei Kirsten Hofstätter, der Erfinderin des Hønsestrik, bietet das Kaffe-Fassett-Stricken große Freiheiten. Es existieren keine Zwänge, es gibt nichts, was man tun muss, und keine Handarbeitslehrerin, die kontrolliert, ob die Rückseite ebenso glatt wie die Vorderseite ausgefallen ist.

Ulf Peder Olrog beschreibt in seinem Song *Syförenings-boogie* (*Nähvereinsboogie*) einen Handarbeitsverein, der »häkelt und wuselt« (virkar och verkar) und »noppt und stopft« (noppar och stoppar), aber auch über die Frauen des Dorfes klatscht, die sich laut der Damen vom Handarbeitsverein zu große Vertraulichkeiten mit gewissen Männern erlauben. Fazit ist, dass diese dem Handarbeitsverein nicht beitreten dürfen.

Die Anforderungen für die Mitgliedschaft im Handarbeitsverein werden immer absurder, bis den Zuhörern aufgeht, dass die Damen des Vereins nie irgendwohin eingeladen werden. Der Handarbeitsverein stellt ihre einzige Geselligkeit dar und sie geben sich der Illusion hin, dass ihre Isolation selbst gewählt ist, obwohl sie eigentlich von den anderen gemieden werden.

Der Text des Songs bringt gewisse Vorurteile über die Mitglieder eines Handarbeitsvereins zum Ausdruck. Es handelt sich um eine Gruppe schnippischer Frauen, die keine andere Wahl haben, als zu stricken. Ungefähr einmal jedes Jahrzehnt, wenn sich das Stricken solcher Beliebtheit erfreut, dass es als Trend bezeichnet wird, bessert sich das Image der strickenden Frauen.

Ihr Ansehen steigt daraufhin einige Jahre und es werden Bücher verfasst, in deren Einleitungen es heißt, dass das

Interesse am Stricken größer als je zuvor sei. Ohne historisches Bewusstsein könnte man glauben, dass dies nie zuvor der Fall gewesen sei.

Dann nimmt das allgemeine Interesse ab und das Stricken hat keinen Nachrichtenwert mehr, aber das heißt nicht, dass nicht mehr gestrickt wird. Wir stricken noch immer, jedenfalls wir, die es immer getan haben, wir treffen uns beim Nähkränzchen und tauschen Strickmuster aus, und es vergehen ein paar Jahre und das Stricken wird wieder zum Trend erklärt.

Es ist eine strickende Wellenbewegung durch die Jahrhunderte, die uns Strickerinnen abwechselnd trendig und unsichtbar macht.

Fehler

Die blaue Wolle ist mit hellgrauer ergänzt worden und jetzt hält mich nichts mehr davon ab, den Pullover zu stricken. Seit meinem Geburtstag sind vier Monate vergangen, in dieser Zeit hätte ich fünf Pullover stricken können.

Malin hat ihr Strickzeug dabei. Eigentlich müsste ich meines ebenfalls hervorkramen, aber es stehen so viele Entscheidungen an. Welche Farbe soll ich für die Bündchen wählen? Wie viele Maschen brauche ich? Wo finde ich ein Strickmuster, das mir eine Vorstellung davon vermittelt, wie viele ich anschlagen muss?

Man kann nicht gleichzeitig mit einem Pullover anfangen und Hotdog-Brötchen backen. Außerdem unterhalten Malin und ich uns über Menschen, deren Glauben keine Bluttransfusionen zulässt, und dieses Thema würde steinharte Maschen verursachen.

Malin sieht ein, dass ihre jüngste Strickerei bei Kerzenschein Konsequenzen hatte: Linke abgehobene Maschen haben einen Patenteffekt erzielt, der sich nicht gut macht. Sie ist also gezwungen, eine Masche nach der anderen fallen zu lassen und später wieder aufzunehmen. Die Wolle ist flauschig und dünn, verfängt sich in sich selbst und dem zweiten Faden, da sie mit doppeltem Garn strickt. Es gleicht dem Jenkka-Tanz, zwei Maschen vor und eine zurück. Als der Abend zu Ende geht, ist die Strickarbeit nicht sonderlich weit gediehen, aber Malin hat zwei Dutzend Maschen aufgenommen.

Wir unterhalten uns über unsere Pullover, ihren grünen flauschigen und meinen blauen. Sie will ihren im Sommer tragen, barfuß mit sonnengebleichtem Haar und braun gebrannt auf einem Felsen sitzen und aufs Meer schauen. Ich will meinen Pullover zu verwaschenen Jeans tragen, barfuß im Sommerhaus herumlaufen, und wenn Gäste kommen, will ich sagen: »Seid ihr schon da?«

Ob wohl alle Pullover mit konkreten Zielsetzungen gestrickt werden?

Loretta Napoleoni bewältigte strickend eine Lebenskrise und schrieb anschließend das Buch *Die Macht der Maschen. Wie Stricken uns durchs Leben begleitet und miteinander verbindet.* Sie sagt: »Eine gute Strickerin findet stets den Mut, ihre Arbeit wieder aufzutrennen, um einen groben Patzer auszubügeln.« Ich denke an alle Fehler, die einer Strickerin unterlaufen können.

Die Strickerin kann darauf verzichten, die Garnbanderole mit der Empfehlung für die Stricknadelstärke zu lesen. Sie nimmt einfach die Nadeln, die sie zufällig zur Hand hat. Der Pullover gleicht dann entweder einem Fischernetz oder ist hart wie ein Panzer. Letzteres passiert, wenn man zu dünne Stricknadeln verwendet, dann braucht man auch bedeutend mehr Wolle und die Anzahl Knäuel, die im Strickmuster angegeben sind, reicht nicht aus. Meiner Nachbarin im Studentenwohnheim erging es so. Sie hatte gerade erst Stricken gelernt, jeder Zentimeter war ein Kampf und sie ribbelte ihren Pulloverpanzer nicht auf. Aber ich bezweifle, dass sie ihn je trug.

Eine Strickerin kann darauf verzichten, Maschenproben zu stricken (oh ja), aber dann muss sie gegebenenfalls willens sein, alles wieder aufzuribbeln. Ein solcher Fehler ist nicht schlimm, sondern einfach eine Fehleinschätzung.

Weiterhin: Die Strickerin kann die Maschen nachlässig anschlagen und sich ganz einfach verzählen. Es ist bizarr, wie oft man beim Stricken nachzählen muss, und zwar wiederholte Male. Bevor eine Anfängerin das einsieht, begeht sie den Fehler, davon auszugehen, dass sie beim ersten Mal richtig gezählt hat.

Das Bündchen wird zwei rechts, zwei links gestrickt und kann Strickenden, die rechte und linke Maschen nicht unterscheiden können, Probleme bereiten, was dann auf ein Perlmuster hinausläuft. Nun, diese Dinge lernt man schnell, die ersten zehn Bündchen sehen möglicherweise etwas knotig aus.

Der Mensch will sich immer weiterentwickeln und dieser Fortschrittsdrang hat zur Folge, dass Strickerinnen ständig an neuen Fehlern schnuppern.

Beim Musterstricken muss noch mehr gezählt werden. Nicht nur in der Reihe, sondern auch zwischen den Musterbereichen. Vielleicht darf ich an dieser Stelle eine Kostprobe zitieren: »2 M Grundfarbe, 1 M Musterfarbe 1, 1 M Musterfarbe 2, 5 M Grundfarbe, 2 M Musterfarbe 2, 2 M Musterfarbe 1.« Und wenn die Folge endlich sitzt, dann ist die Reihe zu Ende und ich muss die Farben in ganz anderen Konstellationen kombinieren.

Beim Spitzenstricken muss noch genauer gezählt werden, sonst kann sich das ganze Muster verschieben. Hier wird nicht mit Farben gearbeitet, sondern mit Umschlägen und fallen gelassenen Maschen. Und dann gibt es noch die Zöpfe, die aus der falschen Richtung, mit einer falschen Maschenzahl oder in der falschen Reihenfolge gestrickt werden können.

Während ich dies alles aufzähle, verstehe ich gar nicht, dass ich mir das alles zumute. Dass ich mich auf etwas einlasse, das so sehr zum Scheitern verurteilt ist.

Bereits bei der Planung können Fehler passieren. Man kann einen gelben Pullover stricken, obwohl man Gelb hasst, weil man im Wollgeschäft plötzlich einen Anfall von Schizophrenie erlitten hat. Man kann einen engen Pullover aus kratziger Wolle anfertigen und merkt es erst, wenn der Hals juckt. Und man kann glauben, dass die Ärmel doch nicht so lang sein müssen, dass man dünner oder dicker ist als in Wirklichkeit oder dass der Halsausschnitt nicht so groß sein muss. Ich habe recht viele Pullover anziehen wollen, bei denen der Kopf nicht durch den Halsausschnitt passte (ein Fehler, der tatsächlich korrigiert werden muss).

Wenn der Fehler eine Tatsache ist, stellt sich nur eine wichtige Frage: Ist der Fehler so gravierend, dass das Tragen des Pullovers unmöglich ist? Lautet die Antwort Ja, muss man bereit sein, das Strickstück wieder aufzuribbeln. Lautet sie Nein, kann man einfach weiterstricken.

Die vielen Möglichkeiten der blauen Wolle lähmen mich. Stattdessen beginne ich, einen Hoodie für den Jüngsten zu stricken. Er hat sich die Wolle ausgesucht, Grau und Grün. Ich wähle ein doppeltes Perlmuster, stricke munter drauflos und der Hoodie ist bald fertig (bei der Kapuze unterläuft mir natürlich ein Fehler). Die blaue Wolle starrt mich aus ihrem Korb weiterhin vorwurfsvoll an.

Aus dem Hoodie wird mein Sohn vermutlich im Laufe eines Monats herauswachsen. Er ist zwölf und wächst jede Nacht zehn Zentimeter, deswegen bedeutet der Hoodie auch nicht sonderlich viel. Aus der blauen Wolle soll jedoch ein Pullover entstehen, der alles über mein Inneres sagt. Er ist ich und mein zukünftiges Ich und außerdem die Person, die ich sein will, und erstaunlicherweise finde ich kein Strickmuster.

Politisches Stricken

In fast jeder Epoche, die wir in Augenschein nehmen, entdecken wir strickende Frauen. Wolle nahm beispielsweise eine zentrale Rolle in der expandierenden Wirtschaft des britischen Imperiums des 17. Jahrhunderts ein. Die Wolle wurde in den amerikanischen Kolonien produziert, billig nach Großbritannien importiert, dort in Fabriken verarbeitet und wieder in die Kolonien exportiert, jetzt aber zu einem bedeutend höheren Preis.

Damals war Wolle teurer als Tabak und zwischen Großbritannien und den Kolonien brach beinahe so etwas wie ein Wollkrieg aus. Um die Kolonien daran zu hindern, den Weltmarkt zu übernehmen, erließ das britische Imperium ein Gesetz, das den Kolonien untersagte, Wolle zu exportieren. Das missfiel den Kolonien, die daraufhin ihre Selbstversorgung steigerten. Sie besaßen Wolle, aber keine Maschinen. Hingegen gab es in fast jedem Haushalt ein Spinnrad und die Frauen machten sich daran, zu spinnen, zu stricken und zu weben.

Diese Frauen, die den Ungehorsam der Kolonien symbolisierten, wurden Daughters of Liberty genannt. Sie versammelten sich in Kirchen, auf Marktplätzen und überall, wo sie handarbeiten konnten. Diese Versammlungen nannten sich Spinning Bees und die Teilnehmerinnen trugen ihre handgestrickten Kleider mit Stolz.

Oder man denke an die Frauen der Französischen Revolution, die vor der Guillotine strickten. Zuvor hatten diese Marktfrauen das revolutionäre Feuer entzündet, als sie nach Paris wanderten, um zu protestieren, weil sie im Unterschied zum Adel Hunger leiden mussten.

Trotz ihrer Initiative wurden die Frauen später von der Revolution ausgeschlossen. Sie verließen ihre Marktstände, begaben sich stattdessen zum Place de la Révolution und verbrachten ihre Tage damit, zu stricken und zuzusehen, wie die Feinde guillotiniert wurden.

Wieder einmal handelte es sich um tatkräftige Frauen. Sie verkauften nicht nur ihre Plätze an andere Zuschauer, sondern strickten auch die roten Freiheitsmützen, die als Symbol der Revolution getragen wurden.

Die Mutter der Boston Tea Party, Sarah Bradlee Fulton, soll während der Belagerung Bostons eigenhändig einen Ochsenwagen voller Wolle vor den Soldaten gerettet haben, und Ann Margret Holmgren, die sich große Verdienste um das Frauenwahlrecht in Schweden erwarb, soll immer ihr Strickzeug zur Hand gehabt haben. Ihr Vater, der Professor der Physiologie Frithiof Holmgren, verwendete für seine bahnbrechenden Studien über die Farbenblindheit übrigens Wollknäuel.

Und immer haben Frauen in Kriegszeiten gestrickt, um die Soldaten warm zu halten. Als die daheim gebliebenen

Engländerinnen im Ersten Weltkrieg einsahen, dass trockene Füße das einzige Mittel waren, um dem sogenannten Schützengrabenfuß vorzubeugen, und dass ihre Soldaten ständig nasse Füße hatten, ribbelten sie ihre Kleider auf und strickten Socken. Das hatte zur Folge, dass die englische Armee wie eine Truppe von Clowns mit Ringelsocken herumlief.

Der englischen Regierung missfiel dieses farbenfrohe Stricken natürlich. Einerseits, weil die Armee dadurch weniger respekteinflößend wirkte, aber vermutlich mehr noch, weil der Eindruck entstehen konnte, die Soldaten seien ohne adäquate Ausrüstung an die Front geschickt worden. Stricken wurde so zu einer Bedrohung, zu etwas Unkontrollierbarem. Die Frauen der Feinde strickten natürlich auch.

Die Antwort der englischen Regierung auf dieses spontane Stricken erhielt den Namen Kitchener Stitch. Lord Kitchener entwarf ein Sockenstrickmuster, das mit der Farbempfehlung Dunkelgrün oder Grau verteilt wurde. Damit hatte die Regierung die Kontrolle über die Maschen zurückgewonnen.

Eine strickende Frau ist der Inbegriff von Gemütlichkeit und Harmlosigkeit. »Da sitzt sie, in ihrer eigenen Welt, und zählt Maschen, sicher strickt sie eine Jacke für ihr Enkelkind«, denkt man, wenn man sie sieht. Dieses Vorurteil machte sich eine gewisse Madame Levangle zunutze.

Sie saß mit ihrem Strickzeug an ihrem Fenster mit Blick auf den Güterbahnhof von Roubaix bei Lille, eine im Ersten Weltkrieg von den Deutschen besetzte Region. Jedes

Mal, wenn sie etwas Interessantes beobachtete, klopfte sie mit ihrem Fuß einen Code. Ihre Kinder, die im Erdgeschoss angeblich ihre Hausaufgaben machten, brachten die Botschaft zu Papier, damit sie weitervermittelt werden konnte.

Madame Levangle gehörte dem Alice-Network an, einer Gruppe von SpionInnen, die in Nordfrankreich, Belgien und den Niederlanden tätig waren (Näheres in dem Bestseller von Kate Quinn von 2017, *Morgen gehört den Mutigen*). Die SpionInnen verwendeten Strickwaren zur Vermittlung von Morsemitteilungen. Stricken ist nämlich binär: rechts und links. Wer nicht stricken konnte oder nicht wusste, wonach er Ausschau halten sollte, sah nur eine Mütze vor sich, Personen, die das Muster decodieren können, lasen darin Informationen über Truppenbewegungen und Fahrpläne.

Das Stricken ermöglichte Frauen in aller Welt, ihr eigenes Geld zu verdienen. So war es auf der Fair Isle, auf der die einzigartigen Muster eine Einkommensquelle für Frauen darstellten, deren Männer im Krieg oder beim Fischfang verschwunden waren. Ähnliche Bedeutung kam der Bewegung Bohus Stickning zu und das Lohnstricken reicht bis ins Jahr 1765 und den Siebenjährigen Krieg (der in Schweden Pommerscher Krieg heißt) zurück. Damals lieferten Frauen aus der Provinz Halland 24 000 handgestrickte Strümpfe an die schwedische Armee.

Der einst friedliche und effektive Strickaktivismus hat sich bis in unsere Zeit erhalten und wird heute Craftivism genannt. Der Begriff stammt von der Amerikanerin Betsy

Greer und besagt, dass die Kreativität die Ansichten verstärkt.

Handarbeit soll im öffentlichen Raum sichtbar sein, Gemeinschaft erzeugen und zu Fragen anregen. So besteht der Monument Quilt beispielsweise aus über dreitausend Quadraten in Weiß und Rot, jedes davon mit einer Erzählung über sexuelle Gewalt. Der Quilt wurde im Mai 2019 in Washington, D. C., an der National Mall unterhalb des Weißen Hauses ausgestellt. Die Quadrate waren so zusammengesetzt, dass sich der Schriftzug »You Are Not Alone« und »No Estás Solx« (Du bist nicht allein) ergibt.

Lisa Anne Auerbach strickte im Jahr 2006 Kriegsopferhandschuhe, deren Muster das Datum, an dem sie gestrickt waren, und die Anzahl der Toten im Irakkrieg aufwies. Die Zahl der Toten stieg so schnell, dass der zweite Handschuh eines Handschuhpaares bereits mit einer höheren Zahl versehen war als der erste.

Das Welcome Blanket ist ein Projekt, bei dem circa 3200 Kilometer Wolle, also ein Faden von derselben Länge wie Trumps Mauer zu Mexiko, dazu verwendet werden soll, Decken für Immigranten zu stricken.

Für den Frauenmarsch in Washington, D. C., im Januar 2017 entwarf Jayna Zweiman gestrickte Pussyhat-Mützen aus rosa Wolle. Sie waren einfach zu stricken und wurden auch beim Solidaritätsmarsch in Mariehamn auf Åland getragen.

In Schweden werden Kleidungsstücke für Flüchtlinge gestrickt, es gibt Gruppen, die Kleidungsstücke für Frühchen stricken, und das Guerillastricken, das gegen 2010 aufkam, soll »weibliches« Handwerk sichtbar machen und die harten Werte der Konsumgesellschaft infrage stellen. Wenn Statuen mächtiger Männer plötzlich gestrickte Handschuhe und Mütze tragen, so waren vermutlich Guerillastrickerinnen am Werk.

Auch die Umweltbewegung drückt sich in Gestricktem aus. Clare Twomey und Lindy Scott gründeten in Australien die Knitting Nanas Against Gas, die sich mit Campingstühlen, Tee und Strickzeug in Stellung brachten, um der Grubengesellschaft Metgasco dabei zuzusehen, wie sie ihr Land zerstörte.

Die Knitting Nanas gibt es inzwischen auch an mehreren Orten. Sie erinnern an die französischen Marktfrauen vor 300 Jahren.

Ziele

In den Weihnachtsferien stricke ich eine Jacke für meine dreijährige Nichte. Sie mag Glitter und Herzen. Glitzerwolle ist zwar das genaue Gegenteil der Naturwolle, die ich sonst so gerne verwende, aber es macht Spaß, ein funkelndes Kleidungsstück zu stricken, und ich kaufe ein paar Herzknöpfe zur Dekoration.

Die Nichte liebt ihre Jacke, was mich freut. Aus diesem Grund habe ich sie ja auch gestrickt: damit sie ihr gefällt, und nicht, um etwas Langweiliges herzustellen.

Mitte Februar ruft sie mich an. Sie feiert bald ihren vierten Geburtstag und hat einen Wunsch. Sie wünscht sich noch eine Jacke, dieses Mal mit Glitzer, Regenbogen und Einhörnern. Außerdem soll sie rot sein. Ihre Mutter irgendwo im Hintergrund, von Beruf Modedesignerin, lacht und wünscht mir viel Glück.

Meine Schwiegermutter erzählt von einer Großmutter in ihrem Nähkränzchen, deren Enkelin genau skizziert hatte, wie ihr Pullover aussehen sollte. Pferde, Wolken und Blumen. Die Großmutter kämpfte mit der Skizze vor sich. Es gefällt mir, wenn Kinder glauben, dass beim Stricken alles möglich ist, und dass ihnen noch niemand gesagt hat, dass etwas zu schwer ist, denn sie haben recht. Wir schaffen alles!

Abends vor dem Einschlafen denke ich an die Jacke. Die Einhörner sind kein Problem, die Farbe Rot auch nicht, aber der Regenbogen? Sollte ich vielleicht Knöpfe verwenden?

Eine Woche später marschiert Russland in der Ukraine ein. »Was kann eine Schnecke gegen einen Panzer ausrichten?«, schreibt Claes Andersson in einem Gedicht und so hilflos fühle ich mich. Was kann Stricken gegen die Atomwaffenbedrohung ausrichten? Wozu ist Glitzerwolle gut, wenn der Krieg ausbricht?

Während ich gewissermaßen erstarre, sind andere umso tatkräftiger. Über Nacht tauchen in den sozialen Medien der Hashtag #Knitforukraine und eine Seite mit traditionellen Strickmustern aus der Ukraine auf. Es gibt eine Adresse, an die man die Kleider, die man gestrickt hat, schicken kann. Es gibt auch einfache Strickmuster für Handschuhe und Stirnbänder in Gelb und Blau, den Farben der ukrainischen Flagge, falls man ein Kleidungsstück stricken will, um seine Solidarität zu bekunden.

Strickerinnen tun, was sie zu allen Zeiten getan haben: Sie wappnen sich mit Geduld und Gemeinschaft und begegnen Hart mit Weich.

Auf die Frage, was eine Strickerin mit einem Panzerwagen macht, gibt es im Übrigen eine konkrete Antwort: Sie strickt ihm eine rosa Decke. Marianne Jørgensen strickte 2006 einen riesigen rosa Teewärmer für einen Panzerwagen, um gegen Dänemarks Teilnahme am Irakkrieg zu protestieren. Vom Kanonenrohr hängt eine rosa Troddel und der Panzer wirkt unter seiner rosa Decke recht harmlos.

Baltische Strickwaren sind für ihre komplizierten Muster bekannt. Handschuhe haben ca. 70 Maschen pro Reihe (je nach Wolle), aber historische weisen bis zu 172 Maschen pro Reihe auf. Sie sind aus sehr dünner Wolle und mit dünnen Stricknadeln gestrickt.

Während der sowjetischen Besatzung stellten die Handschuhe in Estland eine Methode dar, die Besonderheit des eigenen Landes strickenderweise zu bewahren. Estland war zwar besetzt, aber die Hände wurden von den traditionellen Mustern der freien Nation gewärmt. Die Handschuhsammlung des estnischen Nationalmuseums umfasst 5000 Paare.

Die Einhörner, die ich in das Muster der Jacke meiner Nichte stricke, sind alles andere als revolutionär. Ich stricke sie, während ich die Nachrichten sehe, und wenn es zu schrecklich wird, zähle ich die Maschen. Eine Jacke mit Regenbogen, Fabelwesen und Glitzerherzen zeigt eine Utopie und ich sehe beim Stricken vor mir, wie ich ihr das Paket persönlich überreiche und mich an ihrer Freude erfreue.

Was gar nicht so einfach ist, denn sie wohnt in Schweden und während der beiden Coronajahre konnte ich sie nur selten besuchen und verpasste so fast ihr halbes Leben.

Die Welt vor dem Fenster ist in Aufruhr, aber ich kann Einhörner für die, die ich liebe, stricken. Das reicht zwar nicht sehr weit, aber ist immerhin etwas.

Stricken in der Literatur

Die Frauen in Anja Snellmans Roman *Geografie der Angst* haben es satt. Sie wollen keine Opfer mehr sein und sie schärfen ihre Strumpfstricknadeln. Ja, sie verwandeln die Nadeln buchstäblich in scharfe Waffen, die sie wie eine Art weibliche Version der James-Bond-Armbanduhren im Bus mitführen.

Malin Melkersson in Astrid Lindgrens *Ferien auf Saltkrokan* hingegen strickt vor dem offenen Kamin. »Pelle malte, Malin strickte, und die alte Amerikauhr an der Wand tickte, die Glut des abendlichen Feuers leuchtete im offenen Kamin, und im Zimmer herrschte Frieden.«

Astrid Lindgren bringt in dieser Szene eine maximale Friedfertigkeit zum Ausdruck: die tickende Uhr, die Glut des abendlichen Kaminfeuers und – natürlich – die strickende Frau.

Stricken als entweder bedrohliche oder friedliche Tätigkeiten sind nicht zwei Seiten derselben Münze. Das Bedrohliche beim Stricken existiert nur, weil wir das Ungefährliche immer voraussetzen. Eine strickende Frau passt zu einer tickenden Uhr und einem glimmenden Kaminfeuer, aber nicht zu Waffen und Gewalt. Aber wenn es geschieht, wenn die Stricknadeln gegen den Feind gerichtet werden, dann ist das nicht nur lebensgefährlich, sondern stellt auch einen Verrat dar. Worauf ist dann noch Verlass, wenn die strickende Frau nicht mehr das personifizierte Gute ist?

Eine handarbeitende Frau tritt in der Literatur nie zufällig in Erscheinung. Die fleißige Frau hat den LeserInnen etwas mitzuteilen. Penelope in der *Odyssee* webt, sie strickt nicht. Sie muss keine wärmenden Kleidungsstücke für eine wachsende Kinderschar anfertigen, sondern kann ihre Tage damit zubringen, etwas im Grunde Sinnloses wie einen Gobelin herzustellen.

J. K. Rowling verwendet in ihren *Harry-Potter*-Büchern das Handarbeiten, um die Armut Molly Weasleys zu illustrieren, die ihren Kindern zu Weihnachten Pullover strickt. Wer kein Geld für Geschenke hat, muss sie selbst herstellen.

Ron gefällt sein Pullover nicht, aber Harry Potter, der es nicht gewohnt ist, umsorgt zu werden, freut sich. Ein gestricktes Kleidungsstück kann vieles bedeuten. Für Ron ist er ein Ausdruck der Armut, für Harry ist er der Beweis dafür, dass er Mitglied einer Familie geworden ist.

Die Textilkünstlerin Celia B. Dackenberg erzählt in *Sagornas stickbok (Das Strickbuch der Märchen)* von der Illustratorin Ilon Wikland, die oft zu Hause im Wohnzimmer arbeitete. Ihre vier Töchter und ihre Freundinnen spielten, wie das bei Kindern so ist, oft in der Nähe der Erwachsenen (das kann AutorInnen im Homeoffice in den Wahnsinn treiben, ist aber auch sehr schön). Das war in den 50er-Jahren vor den Kleidern von der Stange und die

Freundinnen der Töchter trugen Pullover, die ihre Mütter gestrickt hatten.

Vielleicht spielte es auch eine Rolle, dass Ilon Wikland aus Estland, einem Land mit großer Stricktradition, stammte. Denn sie schenkte den Pullovern, Jacken und Strümpfen der Kinder Beachtung und verwendete sie als Vorlagen für ihre Illustrationen.

So tragen die *Bullerbü*-Kinder und die Kinder in den Lindgren-Märchen Unmengen Pullover und andere gestrickte Kleidungsstücke. Auch die Mütze und die zu weiten Strümpfe, die Mio auf der Bank im Stockholmer Tegnérlunden trägt, sind gestrickt. Vielleicht könnte man behaupten, dass die Tatsache, dass Mio von dem Augenblick an, an dem er sich bei seinem Vater, dem König, im Land in der Ferne befindet, keine gestrickten Sachen mehr trägt, Teil seines Traums der Befreiung ist. Von diesem Augenblick an trägt er nur noch einen Umhang und keine kratzigen Wollpullover mehr.

In der nordischen Kinderliteratur wimmelt es von gestrickten Kleidungsstücken. Celia B. Dackenberg hat anhand der Illustrationen Strickmuster geschaffen.

Willi Wiberg trägt in den Bilderbüchern der Illustratorin Gunilla Bergström einen braunen Pullover. Dass sie Handarbeit liebte, ist auch an den Kleidern von Willis Cousins und Cousinen, seines Freundes Viktor und seines Vaters zu erkennen.

In dem berühmten Bilderbuch *Olles Reise zu König Winter* setzt Elsa Beskow ihrem Helden eine jämtländische Mütze auf und Lena Andersson kleidet Maja, Linnea und Stina in praktische Strickjacken und große Pullover.

Tove Jansson schmückt Tooticki mit einem gestreiften Pullover und Ilon Wikland stattet Pippi mit Ringelstrümpfen aus.

In der Kinderliteratur sind Stricken und gestrickte Kleidungsstücke durchgängig Symbole der Geborgenheit. Die große Schwester Lena in *Sieben kleine Heimatlose* bekommt von einer netten Frau Wolle, und der Augenblick, in dem Lena die Wolle hervorholt, »die Herrlichkeit«, wird zu einem Augenblick der Träume: »Schaut her: Rote Wolle für Rosen, grüne für Blätter und braune für die Stiele.«

Der Gedanke, dass vernachlässigte Strickwaren mit der Vernachlässigung von Kindern einhergehen, kommt in der Essaysammlung *Spaziergänge und Ausflüge* des Lyrikers Gunnar Ekelöf aus dem Jahr 1941 zum Ausdruck. Ekelöf schreibt dort über einen Jungen: »Er trug einen alten grünen Pullover mit einem hohen Kragen, verbeulte Hosen und braune Strümpfe aus dicker Wolle, deren Stopfarbeit den Eindruck erweckte, dass man den Verdacht bekam, seine Mutter habe aus Zeitmangel den Faden vierfach genommen.«

Die Mutter des Jungen hat keine Zeit, sie stopft schlampig, das ist der größte Beweis für Armut.

Lotta aus der Krachmacherstraße, die in einem gelben Haus wohnt und deren Mutter ständig in der Küche steht, besitzt hingegen so viele Pullover, dass Lotta die wenigen, die jucken, unbekümmert zerschneidet. Sie weiß zwar, dass das falsch ist und dass man einen kratzenden Pullover nicht zerschneiden würde, wenn man jemals richtig gefroren hätte, aber sie tut es dennoch. Lena von den blauen Bergen beispielsweise wäre das nicht im Traum eingefallen.

Der Held in Viktor Rydbergs *Lille Viggs äventyr på julafton (Die Abenteuer des kleinen Vigg an Heiligabend)* von 1907 ist ein Ron Weasley vergangener Zeiten und ebenfalls nicht zufrieden mit seinem Weihnachtsgeschenk. Vigg bekommt nur ein Paar Strümpfe, während alle anderen, denen er auf seinen Abenteuern begegnet ist, Angelgerät und Ähnliches erhalten. »War da sonst nichts?«, fragt Vigg, nein, sonst war da nichts.

Erst am Ende der Geschichte sieht er ein, dass seine Mutter Gertrud die Strümpfe gestrickt hat: »Hier hast du ein Paar Wollstrümpfe, die ich dir zu Weihnachten gestrickt habe, denn die benötigst du, mein kleiner Wildfang.« Die Fürsorge seiner Mutter erfüllt ihn mit Dankbarkeit. Er umarmt sie (träumen wir nicht alle davon?) und sagt: »Danke, Mutter, für die Strümpfe und für die Schuhe – und für die Strümpfe.«

Ein Wollknäuel hat etwas Magisch-Verlockendes an sich. »Klein wie ein Ei und reicht um die ganze Kirchenmauer herum«, lautet ein Rätsel. Ein Wollknäuel kann uns überall hinführen wie in Åke Löfgrens Bilderbuch *Historien om någon (Die Geschichte über jemanden)*, in dem die LeserInnen einem Knäuel von umgefallenen Blumenvasen bis hin zu nassen Flecken folgen, ohne zu wissen, wer diese Missgeschicke eigentlich verursacht.

Die Prinzessin Ariadne aus der griechischen Sage verliebt sich in den Prinzen Theseus und gibt ihm ein Schwert und ein Wollknäuel, bevor er sich in das Labyrinth des Minotaurus begibt. Mit dem Schwert tötet er den Stier und findet dank des Wollknäuels wieder aus dem Labyrinth heraus. Das Wollknäuel ließ er hinter sich herrollen, als er in das Labyrinth eindrang, und muss es jetzt nur noch, vermutlich mit dem Stierkopf unter dem Arm, wieder aufwickeln, um zum Eingang zurückzufinden.

Das finnische Nationalepos *Kalevala* beginnt mit der Frage des Erzählers, ob er seine Geschichten hervornehmen soll: »Soll ich mein Knäuel ausrollen, den Wollstrang entwirren?«

Nordschwedischem Aberglauben nach verwendeten Hexen Wollknäuel aus Katzen- oder Kälberhaar, um Milch zu stehlen. Waldtrolle konnten sich in Wollknäuel verwandeln, um nicht entdeckt zu werden.

Auch gestrickte Kleidungsstücke werden mit Aberglauben in Verbindung gebracht. So muss eine Frau, die für ihren Liebsten strickt, einen Verlobtenfehler (fästmansfel) in das Muster einarbeiten, damit die Beziehung von Dauer ist. Sie darf ihrem Verlobten keinen Pullover stricken, aber Socken und Handschuhe sind erlaubt.

Der schwedische Aberglaube erinnert interessanterweise an den sogenannten Fluch des Pullunders in Italien. Wenn eine Frau einen Pullunder für den Mann ihres Herzens strickt, endet ihr Verhältnis noch vor Fertigstellung der Strickware.

Es ist auch nicht ratsam, das Strickzeug mitten in einer Reihe beiseitezulegen, denn dann ertrinkt ein Seemann. Seeleute figurieren ohnehin häufig in Ammenmärchen, was praktisch ist, denn es lässt sich nie nachweisen, wann genau sie verunglückt sind. Sich ertrunkener Seeleute beim Musterstricken zu bedienen dient einem pädagogischen Zweck. Vor allem unerfahrene Strickerinnen wissen nicht, wo sie aufgehört haben, wenn sie die Reihen nicht zu Ende stricken.

Der legendäre Eishockeyspieler Sven »Sleven« Säfwenberg stand nie ohne seinen Glückspullover im Tor. Dieser Pullover war ihm so teuer, schreibt Celia B. Dackenberg in *Kulturkoftor. Livet, konsten och saker att sticka (Jacken für Kulturmenschen. Das Leben, die Kunst und die Dinge, die man stricken kann)*, dass er ihn in eine Jacke ändern ließ, als er fülliger geworden und der Pullover sehr abgetragen war. Der Pullover hatte seine Erfolge als Torhüter ermöglicht.

Mithilfe von Strickerinnen steigert Joseph Conrad in *Herz der Finsternis* die unzähmbare, seltsame Bedrohung, die den ganzen Roman durchdringt. Der Seemann Marlow geht eine Treppe hinauf und öffnet die erste Tür, die er sieht. Im Zimmer dahinter sitzen zwei Frauen, eine dick, die andere dünn, auf Stühlen mit Sitzen aus Strohgeflecht und stricken mit schwarzer Wolle. Die dünne erhebt sich, tritt strickend, den Blick auf ihre Arbeit gerichtet, auf Marlow zu und führt ihn in den Warteraum. Dort erhält er die notwendigen Papiere, um sich in den Kongo zu begeben.

Die zwei Frauen, die schwarze Wolle, das schlafwandlerische Verhalten der einen, die Tatsache, dass sie von ihrer Arbeit nicht aufschauen ... Warum wirkt das so bedrohlich? Zwei Frauen, die zusammensitzen und stricken, wirken doch harmlos – sofern man nicht außen steht, nicht stricken kann und nicht weiß, wie man Teil dieser strickenden Gemeinschaft wird. Marlow weiß vielleicht nicht, dass die dünne gerade mit einem komplizierten Muster beschäftigt ist und ihren Besucher nicht anschauen kann, weil sie Maschen zählt.

Erschreckend für Marlow ist, dass ihm die Frauen nicht die Beachtung schenken, die er sonst erhält, wenn er ein Zimmer betritt. Sie haben Wichtigeres zu tun, als ihn zu bestätigen, und das verheißt Unglück.

Unheilschwanger, aber in handgreiflicherer Form, ist auch Charles Dickens Roman *Eine Geschichte von zwei Städten.* Madame Defarge strickt mit Aussicht auf die Guillotine die Namen aller, die den Tod verdient haben, ins Muster.

Der Vorstellung, dass strickende alte Damen harmlos sind, bedient sich auch Agatha Christie, die selbst eifrig strickte. Ihre Heldin Miss Marple strickt und macht überdies einen etwas verwirrten Eindruck, vielleicht besitzt sie auch das Schlafwandlerische der Strickerinnen von Conrad, aber hinter dieser Fassade sind ihre Sinne geschärft und sie kann gleichzeitig Maschen zählen und Gespräche belauschen!

In Virginia Woolfs Roman *Zum Leuchtturm* wird anhand eines Paars gestrickter Strümpfe gezeigt, dass Mrs. Ramsey ein guter Mensch ist. Vor dem Ausflug zum Leuchtturm strickt sie dem Sohn des Leuchtturmwärters ein Paar Strümpfe, und da Woolf eine versierte Autorin ist, dient ihr diese Symbolik nicht nur für Mrs. Ramsey, sondern auch für ihren Sohn, der kein Modell für die Größe der Strümpfe abgeben will. Er ist eifersüchtig auf den Leuchtturmwärtersohn und hätte diese Strümpfe gerne für sich.

In Elin Cullheds *Euphorie. Ein Sylvia-Plath-Roman* ist das Stricken Zwang. Die Hauptperson Sylvia Plath betritt das Wohnzimmer und sieht ihr Strickzeug, dass sie auf dem Sofa abgelegt hatte und das sie nun förmlich anzustarren scheint. Im nächsten Satz erhält das Strickzeug eine noch größere Bedeutung, als sie meint, die ganze Welt würde sich um sie und ihr Strickzeug drehen. Plath verleiht der Qual, die nur eine unfertige Strickarbeit oder Erzählung verursachen können, Ausdruck.

Oder vielleicht sieht sich Plath denselben Anforderungen ausgesetzt wie die Braut im 25. Gesang des Epos *Kalevala*, in dem sie ihrem Bräutigam gegenüber verleumdet wird: »Was hat sie in der Welt getan, womit seit letztem Sommer sich beschäftigt? Nicht einmal einen Handschuh gestrickt, von einem Geschenkstrumpf ganz zu schweigen!«

Um Dialoge zu verfassen, kann man nicht einfach Aussagen aneinanderreihen. Damit haben alle AutorInnen zu kämpfen. Sie müssen ihren Figuren eine Beschäftigung geben, um nicht ständig wiederholen zu müssen, sie blinzelte/nickte/schluckte. Truman Capote besaß in *Frühstück bei Tiffany* die Klugheit, seiner Protagonistin ein Strickzeug in die Hände zu legen.

Mag und Holly unterhalten sich über die Männer, die sie getroffen und in die sie sich vielleicht verliebt haben, und Mag strickt während der gesamten Unterhaltung. Sie zählt Maschen, sie lässt eine Masche fallen und sie nimmt die fallen gelassene Masche wieder auf und beginnt wieder zu stricken, eins links, eins rechts, eins links.

»Bislang keine Vulkanausbrüche: Es ist, als wolle man eine Wolljacke für das Universum stricken«, so beschreibt der Schriftsteller Göran Tunström seine Schreibblockade. Der Dichter Gunnar Ekelöf geht resoluter gegen die Tristesse vor: Er lernt stricken und strickt tatsächlich einen ganzen Pullover, allerdings sehr unförmig und mit zu langen Ärmeln. Dackenberg schreibt darüber in *Ylle & Bläck. Essäer om poetkoftor och annat författarylle (Wolle & Tinte. Essays über Poetenjacken und andere Schriftstellerwolle)* und weiß zu berichten, dass er den Pullover dem Sohn des Literaturkritikers Olof Lagercrantz schenkte, der ein warmes Kleidungsstück auf dem Meer benötigte.

Ich verstehe Ekelöfs Gedanken: Wer die Fähigkeit besitzt, eine Seite mit Worten zu füllen, muss auch Wolle in Maschen verwandeln können. Das weiße Papier und Wolle zu bezwingen müsste gleichgestellt sein. Man bildet sich gerne ein, etwas erreicht zu haben, wenn man einen halben Ärmel gestrickt hat, obwohl man eigentlich ein halbes Kapitel hätte schreiben müssen.

Gunnar Ekelöf schreibt aber auch: »Die Welt ist ein widerspenstiges Wollknäuel.« Vielleicht sah er sich zu guter Letzt von der Wolle besiegt.

Die Magie eines Wollknäuels empfindet auch Edith Södergran, die in ihrem Gedicht *Glückskatze* die Katze einen Glücksfaden spinnen lässt. Das Ich des Gedichts bittet die Katze in der Schlusszeile: »Spinne mir doch noch ein wenig meine Zukunft.« Wir wissen, wie es Edith Södergran ergangen ist: Sie starb fünf Jahre darauf an Tuberkulose. Anstelle einer Glückskatze hätte man ihr ein wenig von dem Zauber aus dem Märchen von der Frau, die dem Tod mit Sockenstricken eins auswischt, gewünscht.

In einer prosaischen Variante von *Tausendundeine Nacht* übertölpelt die Prinzessin ihren Henker und Bräutigam, indem sie ihre nächtliche Erzählung an der spannendsten Stelle abbricht. In dem Volksmärchen hingegen ist es eine alte Frau, die dem Tod mitteilt, sie müsse erst noch eine Socke fertig stricken, dann könne er sie gerne holen. Die Socke wird immer länger, denn der Tod weiß offenbar nicht, dass Strickarbeiten erst fertig sind, wenn die Strickerin das so will.

Panik

Ich habe mir eine Jacke gestrickt. Rot, in Vollpatent und mit Taschen. Sie wurde zu groß, weil Pullover, die ich stricke, meist zu groß ausfallen. Ich frage mich, ob meine ehemalige Essstörung ein Grund dafür sein könnte. Noch immer ist mein Körperempfinden zerrüttet, was sich offenbar darauf auswirkt, wie viele Maschen ich anschlage.

Außerdem habe ich einen grauen Pullover für meinen Bruder gestrickt, den ich ihm zum Geburtstag schenken will. Er hat mir ausdrücklich gesagt, dass er keine weiteren Pullover braucht, er habe schon genug, aber diesen einen muss er doch noch annehmen. Meinetwegen soll er ihn als Putzlappen zum Reinigen des Saunaofens verwenden.

Der Pullover für ihn ist denkbar einfach. Grauschwarz mit Raglanärmeln. Zu groß ist er außerdem.

Ich habe einen schwarzen Pullover mit Frauenzeichen in einer rosa Passe gestrickt, was kompliziert war und Spaß machte. Wieder einmal hatte ich Verwendung für meinen Taschenrechner und kariertes Papier.

Ich habe rote und graue Wolle gekauft, die ich zusammen mit der blauen Wolle verwende. Ich war schon einen

Zentimeter über dem Bündchen, als ich alles wieder aufribbelte. Das Muster aus Streifen und Punkten und Zickzackborten erschien mir dann doch zu unruhig.

Jetzt darf die blaue Wolle erst einmal ruhen, ich brauche einen neuen Plan.

Wenn mein Mann Musik arrangiert, entwickelt er eine ungeheure Ausdauer. Die wechselweise Beschäftigung mit einerseits den Musikinstrumenten, also den Händen, und andererseits dem Kopf hat zur Folge, dass er keine Pausen braucht. Müde wird er nur dann, wenn er ausschließlich musiziert oder nur Noten schreibt. Auch neue Musik zu komponieren findet er ermüdend, aber wenn er sich mit einer fertigen Melodie beschäftigt, die er arrangiert, kann er pausenlos arbeiten.

Beim Stricken geht es mir genauso, besonders bei richtig komplizierten Mustern. Dann kann ich eine unglaubliche Ausdauer entwickeln. An meinen glücklichsten Tagen stricke ich vom Morgen bis zum Zubettgehen und lege nur sehr widerwillig Essenspausen ein.

Es gibt zahlreiche Ähnlichkeiten zwischen dem Stricken von Mustern und dem Arrangieren von Musik. In beiden Fällen ist schon etwas vorhanden, zu dem man sich verhalten muss, ein Muster oder eine Melodie, und für die Arbeit braucht man sowohl die Hände als auch den Kopf. Es muss an der gleichmäßigen Verteilung von manueller und intellektueller Arbeit liegen, dass man nicht ermüdet, die Fähigkeiten begünstigen einander.

Aber nicht die Müdigkeit bleibt aus, sondern auch Unruhe, Stress oder Angst. Viele Strickerinnen leisten

Erstaunliches. Vielleicht schaffen wir das alles ja nur, nicht obwohl wir stricken, sondern weil wir stricken.

Auch die Wissenschaft ist zu diesem Schluss gekommen. Loretta Napoleoni schreibt in *Die Macht der Maschen. Wie Stricken uns durchs Leben begleitet und miteinander verbindet*: »Wissenschaftlich ist erwiesen, dass beim Stricken, weil es eine beidhändige und koordinierte Ganzkörperaktivität ist, beide Hirnhälften miteinander kommunizieren und Informationen effektiv austauschen. Tai-Chi ist auch ein Beispiel einer beidhändigen, koordinierten Ganzkörperaktivität. Für Kinder, die Probleme mit der räumlichen Wahrnehmung haben, ist diese chinesische Kampfsportart perfekt geeignet, um das Zusammenspiel von linker und rechter Hirnhälfte zu verbessern. Stricken ist nicht nur fließend, rhythmisch und repetitiv, sondern dessen Handlungen werden zudem gleichzeitig ausgeführt. Auch wenn das Aneinanderreihen von linken und rechten Maschen einfach erscheint – und tatsächlich geht das schnell in Fleisch und Blut über –, erfordert die gleichzeitige Verarbeitung dieser Bewegungen eine größere Hirnleistung. Und je mehr Hirnleistung wir auf das Stricken und andere Aktivitäten verwenden, umso weniger bleibt übrig, um sich seinen Sorgen hinzugeben.«

Im Jahr 2014 wurde eine weltweite Befragung von 3500 StrickerInnen durchgeführt. Die darauf basierende Studie mit dem Titel »Knitting and Well-being« kommt zu dem Schluss, dass therapeutisches Stricken zur Schmerzlinderung, Verbesserung der mentalen Gesundheit und Therapie von Suchtproblemen eingesetzt werden kann.

Gruppentherapie mit Stricken fördert die Kreativität und vermittelt ein Gefühl der Sinngebung (was alle Mitglieder von Handarbeitsvereinigungen natürlich längst wissen).

Neurologen interessieren sich dafür, welche Teile des Gehirns durch das Stricken angeregt werden. Viele, so zeigt es sich. Die Frontallappen, die Aufmerksamkeit und Planung steuern, der Partiallappen (Scheitellappen), der die visuellen Informationen verarbeitet, der Occipitallappen (Hinterhauptlappen), der unsere Erinnerungen speichert, und das Kleinhirn, das für Koordination und Genauigkeit zuständig ist. Aber nicht nur das. Wenn alle Teile des Gehirns gleichzeitig beansprucht werden wie beim Stricken, dann regt das auch die Verbindungen an, was das Tempo und die Effektivität der Neuronen erhöht.

Stricken senkt den Blutdruck und setzt Dopamin frei, eine unserer wichtigsten Signalsubstanzen. Dopaminmangel wird für mehrere Krankheiten verantwortlich gemacht, beispielsweise für die Parkinsonkrankheit.

Das Dopamin reguliert Motorik, Wachheit, Freude, Enthusiasmus, Aufmerksamkeit und Motivation, und so ist es wenig verwunderlich, dass der Psychiater Yonas E. Geda im Jahr 2011 beweisen konnte, dass sich strickende Menschen zwischen 70 und 89 gesünderer Gehirne und eines besseren Gedächtnisses erfreuen.

Außerdem setzen die ständig gleichen Bewegungen beim Stricken Serotonin frei, ein Hormon, das beruhigend wirkt, Stress reduziert, Unruhe dämpft und auch schmerzstillend wirken kann.

In dieser Woche steckt mir die Sorge wie ein Klumpen im Hals. Ich habe eine Releaseparty für ein Buch (*Pussel*), lese die letzte Korrektur eines anderen (Hem) und beginne mit einem dritten (*Gråhavet*). Ich bin irgendwie nicht so ganz zurechnungsfähig, komme nicht zur Ruhe und habe sogar die Wolle für einen weiteren Pullover erstanden, einfach nur, weil ich ein Strickmuster gefunden hatte, das ich sofort umsetzen wollte.

Aber ich bin so müde, dass ich einfach nur dasitzen und vor mich hinstarren kann. Ich frage mich, wie ich je wieder ein Strickzeug zur Hand nehmen können soll.

Stricken ist Erholung, aber jetzt bin ich so müde, dass ich nicht einmal mehr meine Erholungsartillerie aktivieren kann. Stricken hat immer funktioniert, wenn sonst nichts funktionierte, aber dieses Mal muss ich ungewöhnlich schlapp sein, denn auch das Stricken will nicht gelingen.

»Um unsere Existenzkrise zu überwinden, müssen wir nur eines tun, nämlich unermüdlich stricken und unsere Leben wieder zusammenfügen«, schreibt Loretta Napoleoni in ihrem Strickbuch, aber ich finde das ein wenig übertrieben. Gewiss lässt sich mit Stricken vieles bewältigen, aber wie bei allen Abhängigkeiten kann das Stricken auch eine Flucht darstellen.

Das Leben ist recht einfach, solange es nur aus Maschen und Mustern besteht. Man kann sich einbilden, Probleme gelöst zu haben, wenn eine komplizierte Maschenabnahme gelungen ist.

Hermanna Stengård, die auf Gotland die schwierigen Strickmuster sammelte, äußerte über einen betrunkenen

Mann, dass er entweder Strümpfe mit Löchern habe oder gehabt haben müsse. Was heißen soll: Du bist Alkoholiker, weil dir niemand warme Socken gestrickt hat, weder als Kind noch heute.

Albus Dumbledore in *Harry Potter* sagt, dass er sich selbst mit einem Paar warmer Strümpfe sehe, wenn er in den Spiegel Nerhegeb schaue, in dem er seiner geheimsten Träume gewahr werde.

Wäre es nicht wunderbar, wenn alle Probleme der Welt mit einem Paar warmer Strümpfe gelöst werden könnten? Gib Putin ein Paar und Trump ebenfalls und allen, die in zu kleinen Booten übers Meer kommen, und dann noch ein besonders warmes Paar all denen, die an Krankenbetten wachen müssen.

Ich versuche, nicht an all das zu denken, wofür mir gerade die Kraft fehlt, alle Worte, die ich schreiben, und alle Maschen, die ich stricken müsste. Ich starre aus dem Fenster.

Eine Sprache

»Stricken ist eine Technik, eine Tradition und eine Sprache«, schreibt Loretta Napoleoni in ihrem Buch über das Stricken.

Mati Ventrillon, die ein Buch über traditionelle Fair-Isle-Strickmuster verfasst hat, geht sogar noch einen Schritt weiter. Sie schreibt, Stricken sei, wie eine neue Sprache zu erlernen, in der die Motivation die Worte, das Schaffen eines Musters die Sätze und die Farben die Intonation sind.

Natürlich haben sie beide recht, aber es gibt noch weitere Sprachen.

Wir haben die Worte des eigentlichen Handwerks. Das Flottieren, das norwegische Luse, die Punkte, der Kreuzanschlag, im Schwedischen Tvåändsstickning (two-end-knitting), der Kettrand, Ausdrücke, die man sich während des Strickens aneignet und manchmal nachschlagen muss.

Auch die Garnbanderolen haben eine eigene Sprache, die erlernt werden muss. Auf ihnen steht, welche Stricknadelnummer für diese Wolle im Normalfall vorgesehen ist, wie lang der Faden ist, aus welchen Fasern er besteht und in welcher Farbe die Wolle gefärbt ist (angegeben wird das

Farbbad). Das sind wichtige Informationen, damit der Pullover später die richtige Größe hat und die Farbnuancen sämtlicher Wollknäuel übereinstimmen, falls nachgekauft werden muss. Dieselbe Wolle kann in unterschiedlichen Bädern gefärbt worden sein und daher farbliche Abweichungen aufweisen.

Man muss auch ein Gefühl dafür haben, wie fest man selbst strickt, was fast als Dialekt des Strickens bezeichnet werden könnte.

Strickwaren sind eine Art Charakterstudie von Menschen, die sonst dem Vergessen anheimfallen würden. Über die Strickerin erfährt man, dass sie graue und weiße Streifen gewählt hat, Geduld besaß, da sie eine Jacke mit dünnen Nadeln gestrickt hat, und dass sie sorgfältig war, da die Vorderseite ebenso gleichmäßig wie die Rückseite gearbeitet ist.

Außerdem entdecken wir Charakterzüge in Kleidungsstücken, Frauen, die unbekümmert mit einem ähnlichen Farbton anstückten, als ihnen die Wolle ausging, andere, denen ungleichmäßige Knopflöcher oder Passemuster egal waren.

Vielleicht finden wir eine Handarbeit, die mit so viel Liebe angefertigt wurde wie die meinige, als ich: »Ich liebe dich« und ein Herz auf die Kante der Lovikka-Handschuhe stickte, die ich meinem damaligen Freund geschenkt habe.

Schließlich gibt es noch die Sprache des Musters, das heißt den eigentlichen Text in der Welt des Strickens. Im Strickmuster steht, wie viele Maschen für eine bestimmte Größe anzuschlagen sind, wo rechts und wo links zu stricken ist, wo der Farbwechsel erfolgt und wo der Halsausschnitt beginnt.

Ebenso wie das fertige Kleidungsstück verrät das Muster sehr viel über die Person, die es entworfen hat.

Viele Muster sind sehr schön und klar. Die Farben folgen einer gewissen Logik, die die Strickerin erst beim Stricken erkennt. Beispielsweise bei einem bestimmten Zickzackmuster, das dadurch variiert wird, dass man drei Maschen versetzt. Einigen Strickmusterkreateurinnen ist es mit ihren Mustern gelungen, lange flottierende Fäden zu vermeiden.

Gut geschriebene Strickmuster benötigen nur eine einzige Seite für die Anweisungen für einen ganzen Pullover. Bestimmte Strickmuster wirken auf dem Papier so kompliziert, dass ich mich nicht an sie heranwage, da spielt es dann auch keine Rolle, wie schön der Pullover sein mag.

Ich bin selten auf die Strickarbeit wütend, sondern eher auf das Muster und vor allem auf die fehlende Korrelation zwischen der Theorie des Musters und der Praxis des Strickens.

Musterstricken ist an sich nicht schwer, solange man sorgfältig arbeitet, immer genauestens zählt und beim kleinsten Fehler sofort wieder aufribbelt. Es ist menschlich, sich zu verstricken, und göttlich, wieder aufzuribbeln.

Die erste Reihe eines neuen Musters ist die wichtigste. Sie bildet die Basis für alles Folgende. Wenn das Fundament stimmt, ergibt sich die Logik der darauffolgenden Reihe. Der Anfang jeder Reihe wirkt hoffnungslos und es erscheint unmöglich, das Muster im Muster zu finden.

Aber dann macht man sich unerschrocken an die nächsten Reihen, und siehe da, alles löst sich in Wohlgefallen auf. Am Ende der ersten Reihe hat man das Muster schon in den Fingern und zu Beginn der nächsten Reihe ist das Muster im Muster wieder unauffindbar. Und so geht die Zeit dahin. Absolute Konzentration ist erforderlich, absolute Genauigkeit. Jede Reihe ist ein Sieg und es erfüllt mich mit Zufriedenheit zuzusehen, wie die vielen verwirrten Reihen zu einer Einheit verschmelzen.

Eine gute Strickerin sieht, wo sie beim Stricken innegehalten hat, und eine gute Strickerin weiß Probleme zu lösen. Wenn wir Strickerinnen etwas gemeinsam haben, ist das außer der Geduld die Fähigkeit, Probleme zu lösen. Und was noch wichtiger ist: Wir bringen immer wieder den Mut für neue Projekte auf, obwohl wir nicht wissen, was uns im Verlauf der Arbeit erwartet.

Es gibt falsch gestrickte Maschen, die kaum auffallen, andere hingegen müssen unbedingt gelingen, damit das Muster nicht verzerrt wird. Eine gute Strickerin weiß, welche Fehler ignoriert werden können und welche unbedingt aufgeribbelt werden müssen.

Natürlich gibt es verschiedene Niveaus der Perfektion. Die Grenzen sind fließend. Eine meiner Kolleginnen bekam einen Pullover mit einem komplizierten Rosenmuster von einer Freundin geschenkt. Das sich auf dem gesamten Pullover wiederholende Muster wies einen Fehler auf der linken Brust auf. Das ärgerte diese Freundin so sehr, dass sie den Pullover nicht tragen wollte. In dieser Hinsicht sind alle unterschiedlich.

Sage mir, wie du strickst, und ich sage dir, wer du bist, müsste es heißen, und ich betrachte voller Kummer meinen ersten selbst gestrickten Pullover mit Passe. Damals glaubte ich, die Übergänge seien nicht zu sehen. Außerdem wusste ich nicht, dass die Maschenzahl durch zwei teilbar sein muss.

Vielleicht kann also dieser Pullover erzählen, dass ich jung war, als ich ihn strickte, dass es mein erster Pullover mit Passe war und dass er mich lehrte, dass schlampige Übergänge deutlich zu sehen sind.

Oder ich betrachte das letzte Kleidungsstück, das ich gestrickt habe, eine norwegische Jacke mit kompliziertem Muster. Sie hat mich ein halbes Jahr gekostet und beweist, dass ich vor Herausforderungen nicht zurückschrecke und seit dem ersten Pullover mit Passe einiges dazugelernt habe. Der Jacke ist jedoch auch anzusehen, dass ich noch immer ein Problem mit den Übergängen habe, denn wer unter die Ärmel schaut, kann deutlich erkennen, dass ich offenbar nicht sonderlich pedantisch war.

Der Betrachter mag daraus den Schluss ziehen, dass die Strickerin dachte: »Spielt keine Rolle, unter den Armen sieht es ohnehin niemand.« Und dieser Schluss ist natürlich zutreffend.

Beschäftigung für die Hände

Ich bin mir nicht sicher, ob Kreativität für das Stricken erforderlich ist. Man muss ein Muster ausführen können, aber erschafft nichts Neues. Man bedient sich der Kreativität eines anderen Menschen. Strickmusterbücher sind für jene, die keine eigenen Muster erfinden können. Einen Pullover nach einem Foto mit derselben Wolle in denselben Farben zu stricken ist nicht kreativ, sondern eine Wiederholung.

Andererseits erschafft eine Strickerin aus wenig viel. Sie verwandelt ein Garnknäuel in ein Kleidungsstück. Ein Faden wird zu einem Pullover – und das ist großartig!

Ich habe noch nie ein problemloses Strickmuster erlebt. Irgendetwas verheddert sich immer und muss aufgedröselt werden. Andererseits habe ich noch kein Strickmuster bis ins kleinste Detail befolgt. Ich verwende grundsätzlich immer andere Wolle, andere Farben, eine andere Größe, stricke lockerer, tausche Stricknadeln aus, verändere den Halsausschnitt und fertige bei Handschuhen auch schon mal Daumenlöcher.

Jedes neue Strickmuster wird durch meine Kreativität regelrecht angegriffen. Meine Sprache kollidiert dabei mit der der Strickmustergestalterin. Ob es wohl Strickerinnen gibt, die ein Kleidungsstück nach dem anderen genau nach Anleitung stricken?

Es ist Samstagabend im Sommerhaus und ich habe gerade ein blaues Bündchen aufgeribbelt. Eigentlich hätte das Bündchen grau sein sollen. Ich begreife nicht, was ich mir gedacht habe!

Mein Mann sitzt neben mir auf dem Sofa und liest unserem Sohn aus dem Sommerhaustagebuch vor. Dieser hat bislang nicht recht verstehen können, wozu dieses Tagebuch gut ist. Jetzt aber lacht er laut über die Ereignisse, die sich vor vielen Jahren zugetragen haben.

Ich könnte natürlich einfach nur dasitzen und zuhören, ohne Maschen anzuschlagen, oder auch selbst aus dem Tagebuch vorlesen.

Ich habe einmal den Bericht einer Strickerin gelesen, die über nasses Kopfsteinpflaster ging. Die verschiedenen Grautöne verwandelten sich in einen bildhaften Rhythmus, den die Strickerin sofort als Strickmuster zu Papier bringen musste. Die Autorin stellte fest, dass die Malerin Farben und Pinsel verwendet, die Strickerin hingegen Wolle und Stricknadeln.

Das ist eine schöne Parallele.

Draußen vor dem Fenster geht die Sonne unter. Rosa Kaskaden und blaue Streifen. Müsste ich mich inspiriert fühlen? Der teuerste Gegenstand, den ich mit meinen Händen angefertigt habe, ist eine Tonschale, in der man gerade einmal Haarbänder aufbewahren kann. Diese Schale habe ich während eines Kurses getöpfert, der ein Jahr lang dauerte und mich 300 Euro kostete. Der einzige Gegenstand, den ich in dieser Zeit fertiggestellt habe, war diese unsymmetrische Schale. Gib mir einen Klumpen Ton und mir schwindet jegliche Inspiration. Ich habe keine Ahnung, was ich tun soll, der Ton fühlt sich in meinen Fingern glitschig und kalt an und ich habe nur das Bedürfnis, abwechselnd laut zu schreien und einzuschlafen. Ein Wollgeschäft kann ich jedoch nicht betreten, ohne etwas schaffen zu wollen, und zwar alles, jetzt, sofort!

Der Sonnenuntergang glitzert! Ich finde, dass das Bündchen seltsam locker wirkt. Mein Ältester will *Notting Hill* sehen. Ich bin damit einverstanden und mache es mir im Fernsehsessel bequem.

Ich würde gerne behaupten, dass ich stricke, wie eine Malerin malt, oder dass ich stricken kann, während ich Kühe hüte. Stattdessen stricke ich, während ich romantische Filme im Fernsehen ansehe. Glaubt bloß nicht, dass ich mich dafür schäme, im Gegenteil, das Stricken rechtfertigt das Fernsehen. Ich lasse keinen Abend untätig verstreichen, sondern stricke Bündchen. Das ist vermutlich einer der Gründe, warum Strickerinnen als tüchtig und zuverlässig gelten. Sie wissen ihre Tage nützlich zu verbringen.

Möglicherweise handelt es sich bei der Kreativität um Ausdruck und Möglichkeiten. Je weniger kreative Fächer es in der Schule gibt, desto weniger Gelegenheiten bieten sich den SchülerInnen, ihrer Kreativität freien Lauf zu lassen. Jemand, der stricken sollte, wird vor einen Tonklumpen gesetzt, und jemand, der singen sollte, sieht sich mit einer

Drehbank konfrontiert. Vereinheitlichung und Minimierung der Wahlmöglichkeiten führen zu verminderter Kreativität.

Geht dadurch etwas verloren? Was wird aus einem Menschen, der nicht kreativ sein darf? Ist das überhaupt vorstellbar?

Der Mensch scheint immer neue Möglichkeiten zu finden, sich selbst auszudrücken. Sei es durch Spitzenunterwäsche zur Sowjetzeit, sei es durch Sologesang in ukrainischen Luftschutzkellern. Das Unbezwingbare muss sich Ausdruck verschaffen.

Wenn man nicht schreiben kann, wird das als Schreibblockade bezeichnet, aber gibt es auch eine Strickblockade? Man hat den Vorspann geschrieben beziehungsweise das Bündchen gestrickt, aber dann ist auf einmal Schluss.

Beim Schreiben pfeife ich auf die Inspiration. Ich kann nicht warten, bis sie kommt, wenn ich vom Schreiben leben soll. Ich setze mir eine Deadline (oder jemand anderes setzt sie mir) und daran halte ich mich auch, denn wenn man nicht einmal eine Deadline einhalten kann, dann taugt man zu nichts.

Aber Stricken ist ein Hobby und ich gestatte mir zu warten, bis sich die Freude einstellt. Bei der blauen Wolle wird das offenbar nie der Fall sein. Oder nein, nicht ganz. Ich habe das Gefühl, dass ich mir die Freude, die ich beim Anblick dieser blauen Wolle empfinde, für immer bewahren will. Habe ich erst einmal fertig gestrickt, dann ist diese Wolle ein Pullover und keine Hoffnung oder Erwartung mehr, keine Sehnsucht und kein Traum, sondern einfach nur ein Pullover. Vielleicht misslingen mir ja das Muster und die Ärmel und vielleicht werde ich diesen Pullover nur ein einziges Mal tragen und dann vergessen.

Ich will diese Wolle nicht verstricken, sondern, so wie sie ist, bewahren.

Der schwere Start mit einem Pullover lässt sich mit den Startschwierigkeiten eines Manuskripts vergleichen. Man brütet vor sich hin, tritt auf der Stelle, will flüchten, ist aber in dem Traum gefangen, dass sich der Knoten lösen wird.

Ich besitze sieben angefangene Pullover, obwohl ich den Ehrgeiz habe, immer einen Pullover fertigzustellen, bevor ich mit dem nächsten anfange. Aber dieses Mal klappt es nicht. Ich fiebere vielem entgegen, aber meine Ausdauer lässt mich vollkommen im Stich.

Bis jetzt.

Wir sind aus dem Sommerhaus zurück, mein Mann war vier Tage verreist und ich habe mich dem manischen Stricken vor dem Fernseher hingegeben. Mein Mann stört mich nicht etwa beim Stricken, aber so ein Verhalten wie meines in den letzten vier Tagen wirkt zu besessen, um es einem anderen Menschen zuzumuten.

Ich bin jetzt bei dem interessanten Teil des Musters, der Passe, angelangt, setze Kopfhörer auf und höre mir den Roman *Wolfslichter* von Kerstin Ekman an. Das Muster ist so kompliziert, dass ich nicht gleichzeitig fernsehen kann, denn ich muss die ganze Zeit zählen und die Fäden im Auge behalten.

Das Hörbuch dauert fast sechs Stunden und ich stricke währenddessen unablässig. Ich rufe den Kindern zu, dass sie sich den Makkaroniauflauf aufwärmen sollen, wenn sie Hunger haben. Ich stelle fest, dass ich durstig und hungrig bin, aber das ignoriere ich. Ich stricke, stricke und stricke.

In dem Muster, auf das ich mich so sehr konzentrieren muss, stecken Ruhe und Inspiration.

Dieser Eifer hat etwas an sich. Er setzt mich in Gang und zwingt mich dazu, Aufgaben zwei oder drei Mal zu wiederholen.

So habe ich die Jacke mit dem schweren Muster fertig gestrickt. Das war eine schwierige Arbeit, jede Reihe war Teil eines komplizierten Gesamtmusters, und die Nacharbeiten haben mich eine ganze Woche gekostet.

An die aufgeschnittene Vorderseite wollte ich je ein Bündchen anstricken, eins mit und eins ohne Knopflöcher. Diese Kanten hatten einen sogenannten Beleg, also ein formgleiches Gegenstück, das auf der Innenseite festgenäht werden muss, um dem Ganzen Stabilität zu verleihen. Da ich unbedingt eine perfekte Jacke herstellen wollte (das ist nicht immer der Fall), nähte ich die Kante mit kleinen unsichtbaren Stichen sehr sorgfältig fest. Beim Anblick dieser Stiche wäre eine Handarbeitslehrerin der 1950er-Jahre in Freudentränen ausgebrochen!

Als ich endlich fertig war und alle Fäden vernäht waren und ich den Kragen abgekettet hatte, breitete ich die Jacke auf dem Fußboden aus, um ihren Anblick zu genießen. Hm, da war was mit dem linken Rand ... Warum? ... Ich zog und glättete, aber Tatsache war, dass die Kante ohne Knopflöcher bedeutend länger als die mit war. Die Jacke war schief, und als ich sie anzog, reichte die Seite mit den Knöpfen bis zu meinem Oberschenkel, die andere bis zu meinen Knien.

Wenn ich doch nur nicht vor dem Anprobieren sämtliche Fäden vernäht hätte! Und wenn ich doch nur nicht eine so unsichtbare Naht verwendet hätte, wenn ich doch nur nachgemessen hätte! Aber nein, ich war eifrig und wollte das Projekt abschließen und deswegen brachte ich den Rest des Abends damit zu, eine unsichtbare Naht aufzutrennen.

Während ich diese Zeilen schreibe, liegt die Jacke auf dem Fußboden und starrt mich an. Nach dreimaligem Aufribbeln ist es mir endlich geglückt, die Ränder gleich lang zu stricken, und jetzt muss ich nur noch die Knöpfe annähen.

Es heißt, dass der Knopfrand einer Jacke verrät, ob du eine gute und sorgfältige Strickerin bist, denn er verzeiht keinen Fehler. Ich weiß nicht, was in mich gefahren ist, aber an diesem Abend befällt mich der Aufribbeleifer und ich hole die Pullover, die zu lang, zu eng, zu hässlich ausgefallen oder einfach nur misslungen sind, aus dem Obergeschoss. Resolut mache ich mich mit der Schere über den einen her, ein anderer verliert seine zu langen Ärmel, bei einem dritten ribbele ich den Kragen auf.

Man soll sich nicht mit der Schere an Kleidungsstücke machen, wenn man in Eile oder gestresst ist. Besonders dann nicht, wenn man sich nicht die Zeit nimmt, eine scharfe Schere zu holen, sondern sich mit einer stumpfen begnügt, und besonders dann nicht, wenn man es mit Angorawolle zu tun hat, die sich überall verfängt.

Ich sitze vor einem teilweise aufgeribbelten halben Ärmel in einem Haufen roter Wollfasern. Das ist sowohl erlösend als auch verwirrend. Kreativität und Destruktivität in einem.

Ich nehme die blaue Wolle hervor und schlage resolut 220 Maschen an, greife zu dem Strickmusterbuch mit dem dänischen Hønsestrik und beginne, einen blauen Tintenfisch auf grauem Grund zu stricken, danach einen Totenschädel, schließlich eine Reihe Herzen und ein Alphabet. Ich habe angefangen. Jetzt gibt es kein Zurück mehr.

Gemeinschaft

Mir schwindelt bei dem Gedanken an die Strümpfe der Dannike-Frau, einer Moorleiche, die 1942 im Hochmoor Rydets Mosse gefunden wurde. Sie war Ende des 17. Jahrhunderts in ungeweihter Erde begraben worden, und zwar unter anderem in einem Paar gestrickter Strümpfe.

Auf Grundlage dieser Strümpfe hat die Textilhandwerkerin Kerstin Jönsson ein neues Strickmuster geschaffen. Das Original besteht aus einem dünnen zweifädigen Wollgarn, was durch sehr feste Strickweise kompensiert wurde. Die Strümpfe sind glatt gestrickt, aber mit einer krausen Dekorationsrunde mit linken Maschen und einer Markierung an der hinteren Mittellinie versehen.

Kerstin Jönsson überlegt, ob die Namenlose die Wolle selbst gesponnen und die Strümpfe selbst gestrickt hat. Ich spinne ihren Faden weiter. Vielleicht waren es ihre Schafe und sie stand in der Morgendämmerung auf, um diese Schafe zu füttern, vielleicht hatte jedes Schaf einen eigenen Namen und sie kardierte die Wolle sehr behutsam.

Ich fühle mich dieser Frau aus dem 17. Jahrhundert sehr verbunden, weil ich dasselbe Paar Strümpfe stricken kann.

Wenn ich die Strümpfe der Dannike-Frau stricken kann, warum sollte ich mich da je einsam fühlen?

Neben mir auf dem Sofa sitzen alle, die vor mir gestrickt haben. Meine Lehrerin Inger, meine Mutter, meine Großmutter väterlicherseits und die Freundinnen aus allen Nähkränzchen, an denen ich je teilgenommen habe.

Auch die Schöpferin des Strickmusters, die Frau, die dafür gesorgt hat, dass mir eine Strickanleitung zur Verfügung steht, und die in dem Muster, das sie geschrieben hat, sehr viel über sich selbst verrät. Alle Frauen, die dasselbe Muster wie ich gestrickt haben, sind auch dabei. Sie haben dieses Muster mit ihrer eigenen Prägung versehen, haben andere Farben gewählt als ich und ebenfalls geflucht, als sie beim Kragen angekommen waren.

In der Fernsehserie *Outlander* gelangt die Heldin Claire in ein Dorf. Ihr Mann findet sich sofort in der Gemeinschaft zurecht, aber es gelingt ihr nicht, ihren Platz zu finden, und die anderen Frauen schauen sie finster an.

Erst als man ihr einen Platz bei der gemeinsamen Handarbeit einräumt, einem Teppich, der gefilzt werden soll, hellt sich die Stimmung auf. Die Frauen rücken zusammen und machen Claire auf der Bank Platz, denn alle Hände werden gebraucht, damit der Teppich fertig und gut wird. Die Unterhaltung beginnt vorsichtig, aber als Claire das Dorf wieder verlässt, hat sie mit den anderen Frauen viel und laut gelacht.

Das gemeinsame Lachen verbindet eine Gruppe. Scherze setzen Vertrautheit voraus, man rückt noch enger zusammen. Es gibt ein Wir, das lacht und versteht, und dann gibt es jene, die nicht verstehen und nicht lachen.

Wir, die stricken, haben auch unsere Scherze, beispielsweise: »Wie viele Strickerinnen braucht man, um eine Glühlampe zu wechseln? Eine, zwei, drei ... verdammt noch mal!« Und eine große Anzahl Witze über die Wollvorräte, die die Strickerinnen anlegen.

Ein Nähkränzchen ist die einzige kollektive Aktivität, die ich kenne, bei der wirklich alle willkommen sind. In der Tat waren in allen meinen Nähkränzchen auch nichthandarbeitende Frauen dabei. Das muss der Schriftsteller August Strindberg geahnt haben, als er folgenden Schreibtipp gab: »Schreibt alles auf, was ihr euch nicht zu sagen traut, während ihr über eure Strickstrümpfe gebeugt seid.« Offenbar war ihm dabei nicht bewusst, dass man alles sagen kann, wenn man sich im Nähkränzchen über sein Strickzeug beugt. Würde man seinen Rat befolgen, gäbe es nichts mehr, worüber man schreiben könnte.

In meiner Kindheit veranstaltete meine Mutter bei uns zu Hause ein Nähkränzchen. Es existiert ein Foto von mir, auf dem ich drei Jahre alt bin. Ich stehe in meinem schönsten Kleidchen auf der Veranda und warte auf die Damen. Die Damen ... Mama war damals Anfang 30. Meine Mutter wartete mit der gleichen Vorfreude wie ich. An das eigentliche Nähkränzchen erinnere ich mich nicht. Bestimmt saßen dann alle im Wohnzimmer über ihre Handarbeiten gebeugt, ganz bestimmt lachten alle und bestimmt hatte meine Mutter wie immer Amerikaner gebacken.

Aber ich erinnere mich an die Vorfreude. Ich wusste, dass etwas Wichtiges geschehen würde, und ich erinnere mich auch an die Selbstverständlichkeit, mit der man einem Nähkränzchen angehörte.

Celia Dackenberg beschreibt in *Små stickade kläder från vår barndom (Kleine gestrickte Kleider aus unserer Kindheit)*, wie ihre Mutter in den 50er-Jahren Nähkränzchen veranstaltete. »Wir Kinder mussten ins Bett, Papa war im Büro, und wir lauschten an der Tür. Es klang, als hätten sie viel Spaß!«

Unter dem Vorwand, praktische Kleidungsstücke anzufertigen, konnten die Hausfrauen, die vermutlich nur selten ihre eigenen vier Wände verließen, Umgang miteinander pflegen. Natürlich strickten sie, aber es wurde auch viel gelacht. Sie hätten sich wahrscheinlich nicht so oft treffen können, wenn es nur zu ihrem Vergnügen gewesen wäre.

Unter kirchlicher Regie heißen die Nähkränzchen, die seit dem 19. Jahrhundert veranstaltet werden, Nähverein. In solchen arbeiten die Mitglieder für eine gemeinsame Sache, anfänglich sammelten sie Geld für die Mission, aber im Laufe der Jahre weitete sich das Feld auf alle möglichen karitativen Einsätze aus.

Nähvereine haben Babykleidung und Jemen-Hemden gestrickt und Geld für die Armen gesammelt. Sie haben Handarbeiten auf Auktionen verkauft, Pakete für Menschen in Kriegsgebieten gepackt, und die Welt würde ganz anders aussehen, wenn die Nähvereine nicht jahrzehntelang zusammengekommen wären, um sie zu verändern, und zwar Masche um Masche.

Tatsache ist, dass die Kirche in der Geschichte des Strickens eine große Rolle gespielt hat. Sie begann mit der strickenden Madonna aus dem 14. Jahrhundert und setzte sich mit Ankäufen von Kunstwerken, Textilaufträgen und Nähvereinen fort. In Bezug auf Schafe orientiert sich die Kirche an Jesus: Schafen und Wolle wird große Bedeutung beigemessen.

Der Literaturkritiker Olof Lagercrantz schreibt in einem Brief: »Stricken wirkte auf mich immer nicht erlernbar. Ich habe es nie versucht, was mir mein ganzes Leben lang wie ein Mangel, fast wie eine Charakterschwäche erschien.«

Verhalte ich mich löblich, weil ich stricke? Hat Stricken noch immer etwas mit Tüchtigkeit zu tun? Das muss dann wohl an der Großzügigkeit liegen: Strickerinnen stricken für andere. Das verleiht diesem Hobby einen Hauch von Selbstaufopferung, mehr als zum Beispiel Orientierungslauf oder Lesen, Aktivitäten, denen man einfach nur für sich nachgeht.

Während meines ersten Studienjahres in Åbo gründeten einige Freundinnen und ich ein Nähkränzchen. Ein Nähkränzchen verfolgt im Unterschied zu einem kirchlichen Nähverein nicht das Ziel, Handarbeiten für andere herzustellen, wir waren zwar eigennützig, aber möglicherweise genauso ordentlich. Wir waren acht oder zehn Personen und trafen uns ungefähr einmal im Monat. Es wurde gehäkelt, gestrickt und gestickt.

Beim Therapeuten stehen sich die Stühle nie direkt gegenüber, sondern schräg ins Zimmer. Sich gegenüberzusitzen und direkt ins Gesicht zu schauen wäre eine zu große Konfrontation. Handarbeit übt dieselbe mäßigende

Wirkung aus wie die schräg gestellten Stühle. Gespräche sind offener, wenn wir nur das Strickzeug anschauen und nicht einander.

Ein neues Mitglied muss nicht reden, darf beobachten und vielleicht schüchtern sein, auch wortlos ist es Teil der schöpferischen Gemeinschaft. Die Worte kommen zwanglos, wenn einem danach ist, weil man sich immer hinter dem Maschenzählen verstecken kann. Man kann sich in die Unterhaltung einklinken und sich wieder aus ihr ausklinken und muss nicht auf alles eingehen.

Ein Abend mit dem Nähkränzchen ist immer ein Gewinn. Auch wenn ich die anderen kaum kenne und es vielleicht sogar eine Teilnehmerin gibt, die ich nicht sonderlich mag, so habe ich doch, wenn ich nach Hause gehe, zehn Zentimeter an meinem Pullover weitergestrickt. Ehrlich gesagt fällt es schwer, eine Frau nicht zu mögen, mit der man handarbeitet.

Der offenbare Vorteil eines Nähkränzchens ist natürlich, dass Anfängerinnen immer Hilfe erhalten. Für die Teilnahme an einem Nähkränzchen sind die eigenen Fähigkeiten bedeutungslos und alle bewundern immer aufrichtig die Arbeit der anderen. »Woran arbeitest du gerade?«, lautet die häufigste Frage in einem Nähkränzchen und dann zeigt man die Arbeit vor. Die anderen befühlen die Wolle, erzählen von ähnlichen Pullovern, die sie selbst schon gestrickt haben, und von ihren eigenen Plänen.

Heute erobern Nähkränzchen sogar den öffentlichen Raum. Es wird in Cafés, Vorlesungen, im Kino und Theater gestrickt. Nicht nur Tätigkeiten, die mit Männern assoziiert werden, sollen sichtbar sein dürfen.

In der Revue *Gambämark* der Schauspieltruppe Kajs entpuppt sich das Nähkränzchen als Guerillagruppe, die den Anführer stürzen will. Diese Guerillasoldatinnen sind nicht aufgefallen, weil es für die patriarchale Führung nichts Harmloseres gibt als eine Gruppe strickender Frauen.

Die KomödiantInnen sind der historischen Wirklichkeit auf der Spur, denn sie haben das revolutionäre Potenzial von Frauenvereinigungen erkannt. Jede Revolution setzt Gespräche und Gemeinschaft voraus, und was ist unkomplizierter, als der Unzufriedenheit beim Maschenzählen Luft zu machen.

Traditionell weibliche Tätigkeiten haben einen geringeren Stellenwert als traditionell männliche, dafür liefern die Geschichte und die Literatur genügend Beispiele.

Ist Stricken möglicherweise die Rettung der Frau? Ist das Nähkränzchen der Ort, an dem die Frau selbstständig und kompetent sein darf, wobei sie zwar Achtung einbüßt, aber einen Freiraum für sich genießen kann?

Stricken ist freiwillig, unterliegt keinem Zwang und ist auch kein selbstverständlicher Teil des Frauseins. Aber das Stricken liefert uns immer noch einen Rückzugsort, einen Ort der Selbstvergewisserung, hier müssen wir nichts verteidigen und mit niemandem konkurrieren.

Das Nähkränzchen ist ein Ort frei von Mansplaining, das Stricken ist ein Bereich, der weder Mann noch Mächte berührt und in dem frau nichts beweisen oder bestätigen muss.

Die anonymen Strickerinnen

Es gibt »Krombisocken«, einen Pargaspullover und Pullover aus Malax, Korsnäs und Pörtom. Sogar die Svenska Lutherska Evangeliförening in Vasa in Finnland hat einen eigenen Pullover, der von oben nach unten gestrickt wird, und mein Pullover mit Frauenzeichen ist natürlich meine Art, meiner Zugehörigkeit zu einer Gruppe Gleichgesinnter Ausdruck zu verleihen.

Wenn ich ein Buch schreibe, stelle ich mir die zukünftigen LeserInnen nicht vor, denn dann würde sich mir der Text widersetzen und es wäre mir nicht möglich weiterzuschreiben. Aber während ich stricke, will ich mir vorstellen können, wie der Pullover von einem Menschen, der mir etwas bedeutet, getragen wird.

Als Autorin stehe ich allein auf einer Bühne und alles ist entweder meine Schuld oder mein Erfolg. Aber als Strickerin sitze ich als Teil einer Gemeinschaft im Publikum. Ich stricke ein Muster, das vor mir Hunderte von Frauen gestrickt haben, und ich kann mich an meine Nachbarin wenden und sie um Hilfe bitten.

Es gibt eine Reihe anonymer Strickerinnen vom 17. Jahrhundert bis heute, über die wir nichts wissen. Die Frau, die August Strindbergs Pulswärmer strickte, hieß Eva und war die Haushälterin seiner Familie. Diese Pulswärmer sind auf einem bekannten Foto Strindbergs zu sehen, aber über Eva wissen wir nichts.

Strindberg schrieb meist mit einer Mütze auf dem Kopf. Er fand, sein Gehirn sei so groß und so besonders, dass es sehr viel Wärme benötige. Wer strickte die Mützen, die Strindbergs Gehirn wärmten?

Die Schöpferin des Lovikka-Handschuhs hieß Erika Aittamaa. Hermanna Stengård stellte die Sammlung gotländischer Strickmuster zusammen. Lee Esselström schuf den Strömsöpullover und Kirsten Hofstätter erfand das Hønsestrik. Celia B. Dackenberg ist die Schöpferin des Kurt-Cobain-Pullovers, den ich gerade für meinen Ältesten stricke.

Ich erinnere mich an alle meine Pullover und daran, wie ich darin aussah. Ich erinnere mich an den Madita-Pullover, den meine Großmutter Alice gestrickt hat. Ich glaube, dass ich mich in diesem Pullover, ich war damals sechs Jahre alt, wie Madita fühlte, wie eine, die zum Walpurgisnachtfeuer rennt und das Leben spürt.

Ich erinnere mich an den Angorapullover, den mir meine Mutter Inga-Lill strickte, als ich in die sechste Klasse ging. Er war weiß, türkis und rosa. Ende der 1980er-Jahre waren das die angesagten Farben. Er hatte ein Muster aus

Herzen und Tieren. Ich habe alte Babyfotos, die mich in diesem gestrickten Helm zeigen, den damals alle Kinder trugen, und den Buff, der aus meinem Overall herausschaut, und die Babysocken, die nicht rutschten, wenn ich mit den Beinen strampelte.

Ich war immer von Wolle umgeben, die Frauen in meinem Leben haben mich gewärmt und mich ihre Fürsorge Reihe um Reihe spüren lassen.

»Essen ist Liebe, Liebe ist essen«, schreibt Karolina Ramqvist in *Bröd och mjölk (Brot und Milch)*. Viele Menschen mit Essstörungen berichten davon, wie das Essen bei ihnen Brechreiz auslöste und ein Mittel im Befreiungsprozess von jenen darstellte, deren Liebe ihnen zu viel abverlangte.

Pullover als Ausdruck der Liebe sind nicht mit so vielen Erwartungen verknüpft. Gestrickte Pullover haben die Aufgabe, ihre TrägerInnen in der Ferne zu wärmen. Ich will meinen Kindern damit sagen: Ich werde euch nicht immer wärmen können, wenn ihr friert, aber ich stricke euch Pullover, damit ihr trotzdem zurechtkommt.

Meine Kinder können frei entscheiden, ob sie diese Pullover anziehen, ich werde es nicht erfahren. Anders ist es, wenn wir zusammen am Esstisch sitzen und ich ihnen dabei zuschaue, wie sie in dem Essen stochern, das ich mit so viel Hingabe gekocht habe.

Etwas zu schaffen, das Handarbeiten, kann mit einem Bedürfnis, einer Sucht oder sogar mit einem Trieb, wie eine Frau aus einem Nähkränzchen es einmal ausdrückte, verglichen werden. Es gibt Frauen, die das Haus nicht ohne ihr Strickzeug verlassen und es sofort hervorholen, wenn sie an einer Kasse anstehen müssen.

Die sogenannten Wetter- und Temperaturdecken sind eine Kreuzung aus einem Wettertagebuch und einer Handarbeit. Sie werden beispielsweise während eines Sommers gestrickt oder gehäkelt und jede Reihe repräsentiert das Wetter eines Tages. Eine Entsprechung sind die Stimmungsdecken, deren Streifen mit jener Farbe gestrickt wurden, die die Stimmung des Tages am besten widerspiegelten.

Es gibt Frauen, die im Bett stricken, weil es schön ist, den Tag mit Maschen zu beginnen und zu beenden, und es gibt Frauen, die beim Stricken ihre Gedanken ordnen und alles wieder aufribbeln, wenn sie zu einem bestimmten Schluss gelangt sind.

Das Zusammengehörigkeitsgefühl, das ich beim Stricken erlebe, mit den Mitgliedern des Nähkränzchens, mit der Schöpferin des Strickmusters, mit den anderen Frauen, die das gleiche Kleidungsstück vor mir gestrickt haben, steckt auch in dem fertigen Kleidungsstück. Die Wolle ist der Faden, der Menschen und Phänomene über Jahrhunderte hinweg verbindet. Man betrachte beispielsweise meine Sockenschublade.

Dort herrscht ein großes Durcheinander. Einem gestreiften Strumpf fehlt sein Zwilling, ein schwarzer Strumpf hat am großen Zeh ein Loch, und ich bin mir sicher, dass meine Lieblingssocken in den Schrank des Ältesten gewandert sind. Der Sockenwichtel, dessen einzige Aufgabe es ist, die Socken der Familie zu ordnen, scheint ein Schlitzohr zu sein. Bereits in Leksand im 19. Jahrhundert ärgerte man sich darüber, dass Socken nie dort waren, wo sie sein sollten.

Eine energische Mutter, die die Frage »Hast du meinen Strumpf gesehen?« vermutlich leid war, löste das Problem, indem jedes Familienmitglied eine eigene Farbe erhielt, mit der sie daraufhin jede Socke am Schaft versah.

Dank dieser Lösung weiß ich, dass verschwundene Strümpfe auch schon vor 200 Jahren ein Problem darstellten, und Jahrhunderte später nicke ich anerkennend, weil sie sich so klug zu helfen wusste.

Schlafstörungen scheinen die Menschen zu allen Zeiten gequält zu haben. Wie ließe sich sonst die Empfehlung, Schafe zu zählen, um die Schläfrigkeit zu fördern, erklären? Neuere Studien haben übrigens gezeigt, dass diese Methode nicht funktioniert. Man soll sich eher etwas Ruhiges vorstellen wie etwa eine verschlafene Landschaft als gestresste Schafe, die über einen Zaun springen.

Wir sagen, »in Wollsocken drauflosstapfen«, wenn jemand eine Tätigkeit fortsetzt, die lieber abgebrochen werden sollte. Dieser Ausdruck stammt aus einer Zeit, als man bei Eisglätte Wollstrümpfe über die Schuhe streifte. Die raue Wolle verlieh Stabilität.

Es muss sich um eine andere Wolle gehandelt haben als die heutige. Gewiss ist Sockenwolle robust, aber ich würde mit Wollstrümpfen über den Schuhen keinen unbefestigten Weg entlanggehen wollen, wenn ich nicht wüsste, dass zu Hause jemand auf mich wartet, der alle Löcher stopfen kann, die auf der Wanderung entstanden sind.

Der Ausdruck legt die Schlussfolgerung nahe, dass die Wolle früher fester gesponnen war als heute und dass es wichtiger war, sicher ans Ziel zu gelangen, als Löcher zu vermeiden.

Ich habe die blaue Wolle fast vergessen. Der Pullover liegt zuunterst in einer Schublade und ich kann mich nicht einmal mehr erinnern, in welchem Strickmuster ich mich befinde. Soll es ein Tintenfisch, ein Schuh oder ein Einhorn werden? Ich hätte es aufschreiben sollen.

Bald habe ich Geburtstag. Die Familie plant einen Roadtrip auf den åländischen Landstraßen. Wir wollen an Badestränden halten, von deren Existenz wir nichts wussten, und Cafés besuchen, die wir vergessen hatten.

Man kann nicht zweimal in denselben Fluss steigen, sagt Heraklit. Alles ist vergänglich, sagt die Bibel. »Brich auf, brich auf! Der neue Tag erwacht«, sagt die Dichterin Karin Boye. Ich hoffe nicht mehr auf den Pullover, für den ich vor einem Jahr die Wolle kaufte.

Ich ribbele auf.

Dank

Ich danke Therese Lund, der Inhaberin von Thereses broderi och garn, in Mariehamn (Åland). Es ist ein Privileg, dass es in der Stadt, in der man zu Hause ist, ein so gut sortiertes Wollgeschäft gibt. Danke, dass du zu mir gesagt hast: »Du schreibst doch. Du solltest ein Buch über das Stricken schreiben.« Falls es euch mal nach Mariehamn verschlägt, solltet ihr unbedingt in diesem wunderbaren Laden vorbeischauen.

Ich danke ebenfalls meiner finnischen Lektorin Mirjam Ilves, die mir das ungefähr gleichzeitig vorschlug.

Ich danke meiner Mutter Inga-Lill Portin, die mir mit Zeitungsausschnitten, Inspiration und Ideen geholfen hat. Danke dafür, dass du der kreativste Mensch bist, den ich kenne, und mir beigebracht hast, dass es für alles eine Lösung gibt.

Literatur

Åberg, Erika: *Sticka vantar, sockor och lite till*, Bokförlaget Semic 2016

Åberg, Erika: *Sticka varmt och mönstrat*, Bokförlaget Semic 2018

Åberg, Erika: *Stickat till vardags*, Bokförlaget Semic 2020

Ålands Museum: *Jomalamössan*, Informationsbroschüre

Ålands Radio: »Blommor och halvfärdiga arbeten«, 7. Juni 2017

Andersson, Claes: *Under*, Söderström 1984

Arnqvist Engström, Frida: »Vi vill förändra världen med vårt hantverk«, *Stickat & Sånt* 2/20

Bergdahl, Violet und Skoglund, Ella: *Gotländsk sticksöm*, LT förlag 1983

Bergman, Anna: *Tantulltusströjor*, Selbstverlag 2020

Blomberg, Liv: *Nerven i handstickat*, Hemslöjd 1/21

Blomberg, Liv: *Ull är gull*, Hemslöjd 1/20

Braw, Anna: *Kärlek, nål och tråd. Det bästa från syföreningarnas värld*, Libris förlag 2009

Capote, Truman: *Frühstück bei Tiffany*, übersetzt von Heidi Zerning, Kein & Aber 2015

Conrad, Joseph: *Herz der Finsternis*, übersetzt von Daniel Göske, Reclam 2021

Cullhed, Elin: *Euphorie. Ein Sylvia-Plath-Roman*, übersetzt von Franziska Hüther, Insel 2022
Dackenberg, Celia B.: *Kulturkoftor. Livet, konsten och saker att sticka*, Norstedts 2017
Dackenberg, Celia B.: *Lånat, sparat, ärvt och nytt. Småkoftor, fintröjor och annat stickar för barn*, Norstedts 2019
Dackenberg, Celia B.: *Sagornas stickbok. Sticka sagobarnens bästa kläder*, Norstedts 2015
Dackenberg, Celia B.: *Sparat. Små stickade kläder från vår barndom*, Prisma 1996
Dackenberg, Celia B.: *Ylle & Bläck. Essäer om poetkoftor och annat författarylle*, Prisma 2001
(Anm. d. Übers.: Kofta wird im Schwedischen mit Rolle gleichgesetzt, hauptsächlich im Wort »offerkofta«, Opferrolle, die Opferjacke tragen heißt also: die Opferrolle einnehmen)
Dickens, Charles: *Eine Geschichte von zwei Städten*, übersetzt von Carl Kolb, Klaus Boer 2021
Ekelöf, Gunnar: *Spaziergänge und Ausflüge*, übersetzt von Thabita von Bonin, Suhrkamp 1966
Fitinghoff, Laura: *Sieben kleine Heimatlose*, R. Brockhaus 1965
Forslund, Birgitta: 24 *stick- och virkbeskrivningar. Älskade kofta*, Bonnier Fakta 2013
Goscinny, René: *Lucky Luke 44. Die Eskorte*, Egmont 1985
Gray, Tanis: *Harry Potter: Magisch stricken. Das offizielle Harry-Potter-Strickbuch*, Frech 2020
Brüder Grimm: *Dornröschen (Nr. 50). Kinder- und Hausmärchen*. dtv klassik 1984

Haffenden, Vikki und Patmore, Frederica: *Sticka steg för steg. Tekniker, maskor och mönster*, Lind & Co. 2021
Högnäs, Per-Ove: *Amandas stuga. Livet på Dånö förr och nu*, Film des Dånö hembygdsförening 2011
Jönsson, Kerstin: *Stickprat*, Ariadne 2019
Kalevala: das finnische Epos des Elias Lönnrot, aus dem finnischen Urtext übertragen von Lore und Hans Fromm, Reclam 2018
Karlsson, Maja: *Sticka svenska mönster. 20 modeller med 40 traditionella mönster på nytt sätt*, Bonnier fakta 2016
Karlsson, Maja: »Zeitgeist och stickning«, *Stickat & Sånt* 1/21
Ländin, Johanne: »De magiska mönstren från ön Fair Isle«, *Stickat & Sånt* 3/19
Ländin, Johanne: »En spännande upptäckt«, *Stickat & Sånt* 1/20
Ländin, Johanne: »Ha-ha-ha-handarbetshumor«, *Stickat & Sånt* 1/20
Ländin, Johanne: »Jag leker med färger på samma sätt som man gjorde förr«, *Stickat & Sånt* 4/21
Ländin, Johanne: »Norges mest älskade mönster«, *Stickat & Sånt* 1/21
Ländin, Johanne: »Okmönstret är som ett smycke«, *Stickat & Sånt* 3/20
Ländin, Johanne: »Så handarbetar du klimatsmart«, *Stickat & Sånt* 1/19
Larsson, Solveig: *Solveigs vantar – vantar, mönster och inspiration*, Lumio 2010
Leszner, Eva Maria: *Handschuhe, Mützen und Schals farbig gestrickt*, Rosenheimer 1980

Lindgren, Astrid: *Die Kinder in der Krachmacherstraße*, übersetzt von Thyra Dohrenburg, Oetinger 1992

Lindgren, Astrid: *Mio, mein Mio*, übersetzt von Karl Kurt Peters, Oetinger 1954

Lindgren, Astrid: *Ferien auf Saltkrokan*, übersetzt von Thyra Dohrenburg, Oetinger 1992

Lindskog, Claes: *Grekiska myter och sagor*, Natur & Kultur 1994

Liljemalm, Anna: *Växtfärgningen är tillbaka!*, Hemslöjd 5/19

Löfgren, Åke: *Historien om någon*, Rabén & Sjögren 1951

Lukkari, Leena: »Yllesockor är som rötter«, *Yhteishyvä* 31.8.2020

Luutonen, Marketta, Bäckman, Anna-Maija und Bäckman, Gunnar: *Tröjor och andra plagg*, Scriptum 2018

Lystrup, Lise-Lotte: *Klassisk stickning*, Bokförlaget Känguru 2008

Mucklestone, Mary Jane: *150 Strickmuster aus Skandinavien – Klassische Jacquardmuster mit Strickproben, Zählmustern und alternativen Farbstellungen*, übersetzt von Birgit Lamerz-Beckschäfer, Stiebner 2020

Napoleoni, Loretta: *Die Macht der Maschen. Wie Stricken uns durchs Leben begleitet und miteinander verbindet*, aus dem Englischen übersetzt von Christiane Wagler, Penguin 2021

Nordisk familjebok. Stichworte: Slöke–Stockholm, Projekt Runeberg

Olrog, Ulf Peder: *Syföreningsboogie*, 1957

Ramqvist, Karolina: *Bröd och mjölk*, Norstedts 2022

Rydberg, Viktor: *Das seltsame Weihnachtserlebnis des kleinen Vigg*, Konegens Jugendschriftenverlag 1919

Die Sprüche Salomos, 31, 10–31, Lutherübersetzung, revidierte Fassung von 1984

Snellman, Anja: *Geografie der Angst*, übersetzt von Angela Plöger, Goldmann 2001

Snidare, Uuve: *Stickning. En lustfylld konst*, Utbildningsförlaget Brevskolan 1991

Södergran, Edith: *Klauenspur. Gedichte und Briefe*, übersetzt von Hans Magnus Enzensberger und anderen, Reclam Leipzig 1990

Stanfield, Lesley und Griffiths, Melody: *Das große Strickmusterbuch. 300 tolle Designs, die man einfach haben muss*, übersetzt von Helene Weinold, Frech 2010

Svensk hemslöjds mönsterböcker: Stickat – med tradition, LTs förlag 1963

Taylor, Rita: *Stickning. 200 frågor och svar*. Bokförlaget Känguru 2014 (*Knitting. 200 Q & A Questions Answered On Everything*, B. E. S. Publishing 2008)

Trotzig, Eva: *Sticka retro! Varmt och stickat som förr*, Bokförlaget Semic 2014

Trotzig, Eva: *Varma tumvantar och några sockor*, Bokförlaget Semic 2012

TT (Tidningens telegrammbyrå): »Glaciär får sommartäcke i ull«, *Svenska Dagbladet* 8.5.2022

Ventrillon, Mati: *Stickning från Fair Isle. 15 stickprojekt med inspiration från traditionella mönster*, Lind & Co 2021 (*Knitting from Fair Isle: 15 Contemporary Designs Inspired by Tradition*, Kyle Books 2020)

Woolf, Virginia: *Zum Leuchtturm*, übersetzt von Antje Rávik Strubel, Anaconda 2022

Autorin

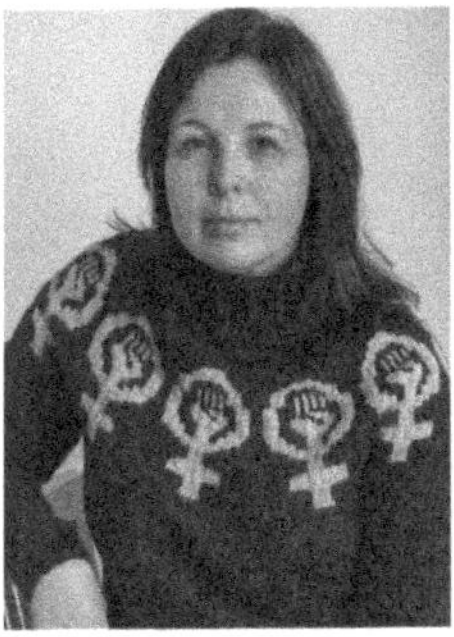

Foto: © Marcus Boman

Karin Erlandsson, geboren 1978, ist eine preisgekrönte finnische Autorin, die im Bereich Belletristik und Sachbuch veröffentlicht. Ihren ersten selbst gestrickten Pullover hat sie im Alter von 14 Jahren angefertigt. Seitdem hegt sie eine Vorliebe für blaue Wolle und macht sich stark für die These, dass Frauen, die stricken, die Welt verändern.